VIVIANE THEBY

SCHNÜFFELSTUNDE

Nasenspiele für Hunde

KYNOS VERLAG

Für Timo, Fellow, Fratz, Runa
und alle meine anderen vierbeinigen Lehrer

Dr. Dieter Fleig GmbH · 54570 Mürlenbach/Eifel
Telefon: 06594/653 · Telefax: 06594/452
http://www.kynos-verlag.de

Alle Fotos: Viviane Theby
Alle Zeichnungen: Angelika Schmohl, a.schmohl@web.de

Gesamtherstellung: Druckerei Anders GmbH, 54595 Niederprüm

ISBN 3-933228-78-6

INHALTSVERZEICHNIS

Vorwort

Die meisten unserer Hunde wollen arbeiten. Dafür wurden sie seit vielen, vielen Jahren gezüchtet. Und den meisten Menschen macht es Spaß, mit ihrem Hund zu arbeiten. Oftmals fehlen jedoch einfach die Ideen. Oder es fehlt die Zeit, auf einen Hundeplatz zu fahren, der vielleicht noch etwas weiter weg liegt, um dort zu trainieren. Aber das muss ja auch gar nicht sein. Es gibt viele schöne Sachen, die man mit dem Hund zu Hause trainieren kann. Außerdem ist das ja auch viel wichtiger, als einmal in der Woche auf den Übungsplatz zu gehen.

Oftmals laden wir beim Training oder bei Spielchen die Hunde in unsere Welt ein. Sie lernen Tricks, eine perfekte Unterordnung oder das Springen über Hindernisse, was sie von sich aus gar nicht so machen würden. Dennoch kann es ihnen natürlich sehr viel Spaß machen, vorausgesetzt, die Trainingsmethoden sind hundefreundlich.

Mit diesem Buch möchte ich Sie anregen, sich mal in die Welt der Hunde verführen zu lassen. Versuchen Sie doch einmal, sich die Welt über Ihre Nase vorzustellen! Denn das, was für uns Menschen die Augen sind, ist für die Hunde die Nase. Ich denke, wir können uns das nie so richtig vorstellen. Es ist wirklich faszinierend, zu welchen Leistungen die Hunde mit ihrer Nase fähig sind!

So habe ich mich in meiner Zeit in der Rettungshundeausbildung sehr oft von diesen Leistungen beeindrucken lassen. Die Hunde können in Windeseile ein Gebäude durchsuchen und darin befindliche Menschen anzeigen. Sie können große Geländestücke nach Vermissten absuchen.

Zwei Sachen, die mich besonders beeindruckten, waren folgende: Eine Kollegin aus einer anderen Ortungsgruppe erzählte von einem Einsatz in der Wassersuche. Dabei fährt der Hund mit in einem Boot über das Wasser und sucht nach menschlichen Gerüchen. Ein Taucher war vermisst. Der Hund zeigte an einer Stelle an. Unter Einbeziehung der Strömung wird dann ermittelt, wo sich der Mensch befinden kann. Taucher gingen runter, fanden aber nichts. Der Hund wurde ein zweites Mal zur Suche angesetzt und zeigte wieder an der selben Stelle an. Die Hundeführerin, die ihren Hund sehr gut kannte, war sich sicher, dass da etwas sein musste. Es wurde eine Spezial-Taucherstaffel angefordert. Die fanden schließlich den Ertrunkenen. Er befand sich zwanzig Meter unter der Wasseroberfläche und war überwiegend mit Schlamm bedeckt!

Obwohl ich aus der Arbeit mit den Rettungshunden schon viel über deren Geruchssinn gelernt hatte, war das doch unvorstellbar für mich. Wie kann ein Hund das riechen?

Eine nächste für mich unvorstellbare Sache war, was ich von einem französischen Hundeführer der Feuerwehr gehört hatte. Er erzählte von Hunden, denen man einen Gegenstand einer vermissten Person unter die Nase hält und die diese Person dann suchen und sie finden, auch wenn sie mitten durch die Stadt gegangen ist, z.B. über einen Marktplatz voller Menschen, über befahrene Straßen oder wo auch immer. Ich konnte mir das damals gar nicht vorstellen, bis ich mal einen solchen Hund bei der Arbeit gesehen habe. Das ist wirklich unvorstellbar!

Wie maßlos wir doch die Hunde zum Beispiel in der Fährtenarbeit unterschätzen!

In den folgenden Kapiteln möchte ich Sie also einladen, von Ihrem Hund zu lernen. Denn in Sachen Nase ist er uns bei weitem überlegen.

Außer, dass das Ihnen und Ihrem Hund eine Menge Spaß machen kann, hat es durchaus auch praktischen Nutzen. Stellen Sie sich vor, Sie haben bei einer Gartenparty Ihren Hochzeitsring im Gras verloren und Ihr Hund kann ihn wieder finden!

Oder stellen Sie sich vor, Sie sind allergisch gegen Nüsse und Ihr Hund kann Ihnen sagen, ob in einer Mahlzeit Nüsse drin sind oder nicht. Sie glauben, das geht nicht? Und ob!

Lassen wir uns also vom Hund in seine Nasenwelt einführen. Wir können mit Sicherheit eine Menge von ihm lernen. Wir werden zwar nie in der Lage sein, es ihm nachzutun; aber wir werden ihn und seine Leistungen schätzen lernen, was einer guten Partnerschaft zwischen Mensch und Hund immer förderlich ist.

Die folgenden Übungen kann jeder Hund durchführen, es sei denn, er hat keinen Geruchssinn mehr. Es kommt also nicht auf Rasse oder Alter an. Jeder Hund ist uns in Sachen Riechen um ein Vielfaches überlegen.

Viviane Theby

Versteckspiele für den Anfang

Einen verlorenen Gegenstand suchen

Weiter oben habe ich schon einmal angedeutet, zu was Hunde mit ihrer Nase alles fähig sind. In dieser Hinsicht brauchen und können wir sie gar nicht ausbilden. Was wir ihnen jedoch beibringen müssen, ist eine Verständigung darüber, was sie gerade riechen. Wir müssen in der Lage sein, dem Hund zu sagen, was er für uns erschnüffeln soll und wir müssen erkennen können, wenn er auf einer »heißen« Spur ist, bzw. wenn er etwas gefunden hat. Das meiste muss also - wie so oft in der Hundeausbildung - wieder der Mensch lernen.

Wie sag ich's also meinem Hund?

Wir fangen ganz einfach an. Nehmen Sie sich ein Spielzeug, lassen Sie Ihren Hund an einer Stelle im Zimmer sitzen oder von jemandem halten und legen Sie es für den Hund sichtbar in eine Zimmerecke. Mit »Such« lassen Sie ihn los.

Für Hunde, die nicht wild auf Spielzeug sind, können Sie auch ein Leckerchen nehmen oder eine mit leckerem Futter gefüllte Dose, die Sie ihm aufmachen, wenn er gefunden hat. Was heißt hier »gefunden«, werden Sie vielleicht denken? Er musste ja nicht einmal suchen!

Bedenken Sie, dass der Hund unsere Sprache nicht versteht. Wir können nicht einfach sagen »Such« und er weiß, was gemeint ist. Aber wir können es ihm so relativ schnell beibringen. Als Nächstes kommt der zu suchende Gegenstand nämlich - immer noch so, dass der Hund zusehen kann - hinter einen Sessel oder ähnliches. Wieder wird er mit »Such« losgeschickt. Was für ein Kommando Sie wählen, bleibt Ihnen übrigens überlassen. Das »Such« steht hier beispielhaft für das von Ihnen gewählte Wort.

Wiederholen Sie diese Übung zwei- bis dreimal an unterschiedlichen Stellen. Mal befindet sich die Belohnung also hinterm Sessel, mal hinterm Papierkorb und mal unterm Sofakissen als Beispiel.

Als Nächstes bringen Sie den Hund aus dem Zimmer, wenn Sie das Spielzeug in einem der drei schon bekannten Verstecke deponieren. Sie rufen den Hund wieder herein und schicken ihn mit »Such« an die Arbeit. Vermeiden Sie es dabei, schon in die Richtung zu zeigen, in der das Versteck ist. Das soll er jetzt selber suchen.

Vielleicht läuft er jetzt die drei bekannten Verstecke einfach ab, vielleicht setzt er aber auch schon seine Nase ein. In jedem Fall loben Sie ihn überschwänglich, wenn er es gefunden hat. Sie müssen ihm richtig zeigen, wie toll Sie ihn finden. Wenn der Hund vor Stolz einen Zentimeter gewachsen ist, haben Sie es richtig gemacht. Man sollte es dem Hund wirklich ansehen, wie zufrieden er mit sich ist.

Oft ist nämlich, das was wir loben nennen, für den Hund eher unangenehm, wie z.B. das Über-ihn-Beugen und auf den Kopf tätscheln. Sehen Sie sich also genau an, ob er das wirklich als Lob empfindet, was Sie ihm zukommen lassen.

Ein ganz wichtiger Faktor ist hier unsere Stimme. Lernen Sie, den Hund in den höchsten Tönen zu loben! Nehmen Sie das bitte wörtlich: Es kommt wirklich auf die hohen Töne an. Die allermeisten Hunde finden das toll und von den anderen können es wieder die allermeisten lernen. Sie müssen sich nur überwinden und eben mal so richtig rumquietschen!

Wiederholen Sie diese Übung auch wieder, bis der Gegenstand in jedem der schon bekannten Verstecke war.

Spätestens dann ist es genug für die erste Übungseinheit. Was wir Menschen für das Training unbedingt lernen müssen, ist aufhören, wenn es am schönsten ist. Der Hund sollte also richtig mit Eifer bei der Sache sein und mehr wollen, wenn wir aufhören. Wenn der Hund schon signalisiert, dass er keine Lust mehr hat, haben wir zu viel gemacht. Üben Sie daher lieber öfter über den Tag verteilt nur wenige Minuten, als einmal viel zu lange. Das lässt sich dann auch besser in den Tagesablauf einbauen. Drei Minuten mal eben zwischendurch hat man nämlich meistens.

Faustregel Nr. 1:

- **Immer aufhören, wenn es am schönsten ist!**

In der nächsten Übungseinheit fangen Sie - diesmal in einem neuen Raum - wieder so an, dass Sie den Gegenstand unter Sicht des Hundes verstecken. Gehen Sie dazu zu drei Verstecken, tun Sie zweimal so als ob und einmal lassen Sie den Gegenstand wirklich da liegen. Der Hund hat also jetzt von vornherein drei Verstecke zur Auswahl. Wie löst er die Aufgabe? Setzt er die Nase ein und findet den Gegenstand auf Anhieb? Oder läuft er die Verstecke ab, wie Sie sie gegangen sind? Oder fängt er so an, um dann plötzlich abzudrehen und gezielt zum Gegenstand zu laufen? Sie müssen jetzt anfangen, Ihren Hund genau beobachten zu lernen. Wie sieht er aus, wenn er etwas in der Nase hat? Wie hält er in dieser Situation seinen Schwanz, seine Ohren? Wie verhält er sich, wenn er gefunden hat?

Vergessen Sie nur vor lauter Beobachten das Loben nicht!

Dasselbe machen Sie jetzt wieder, ohne dass der Hund zusehen konnte, wie Sie Spielzeug oder Leckerchendose versteckten. Bleiben Sie aber noch bei den drei bekannten Verstecken. Bis hierhin sollte der Hund die Übung nun verstanden haben. Wenn er also mit Spaß bei der Sache ist, eifrig sucht und auch findet, ist es Zeit für den nächsten Schritt.

Verstecken Sie nun den Gegenstand, so dass der Hund es nicht sieht und an einem noch unbekannten Versteck. Machen Sie es ihm aber noch nicht zu schwer. Der Hund sollte sein Ziel in diesem Stadium der Ausbildung noch relativ einfach finden können.

Beobachten Sie ihn. Wie verhält er sich? Streckt er die Nase in die Luft? Schnüffelt er über den Boden? Vielleicht filmen Sie diese Suchaktion sogar. Dann können Sie es sich später mehrmals ansehen, um genau auf die Körpersprache zu achten. Außerdem vermeiden Sie es, wenn Sie mit Filmen beschäftigt sind, dem Hund Hilfen zu geben. Spätestens jetzt sollte er die ihm gestellte Aufgabe nämlich mit der Nase lösen. Wenn er findet, loben Sie ihn wieder, was das Zeug hält, und beenden die Übungseinheit.

Ein kurzer Hinweis zum Spielzeug oder zu den Leckerchen:

Das Spielzeug sollte eigens für dieses Suchspiel sein. Am Ende der Übung kommt es also weg und der Hund sollte es nicht den ganzen Tag zum Spielen haben. Das macht es nämlich viel interessanter für ihn.

Die Leckerchen sollten nicht zusätzlich zum normalen Futter gegeben werden, sondern es sollte dafür ruhig ein Teil der normalen Ration gekürzt werden. Schließlich wollen wir unsere Hunde nicht mästen. Der Hund kann durchaus auch sein normales Futter suchen. Es muss also nicht etwas ganz besonderes sein, es sei denn, er hat sonst gar kein Interesse.

Wenn es denn heißt »loben Sie den Hund«, braucht das auch einige extra Worte zur Erklärung. Ein richtiges Loben fällt den meisten Menschen nämlich sehr schwer. Sinn und Zweck ist ja, dass der Hund versteht, dass er etwas super toll gemacht hat. Und das soll auch rüber kommen. Wenn Sie es schaffen, dass der Hund vor Stolz einen Zentimeter wächst, dann haben Sie es richtig gemacht.

Ab der nächsten Übungseinheit sind Sie soweit, dass Sie sich immer schwierigere Verstecke aussuchen können. Treffen Sie Ihre Wahl jedoch möglichst so, dass der Hund auch Erfolg haben kann. Sollte er mal nicht finden, aus was für Gründen auch immer, vermeiden Sie es, ihm zu helfen. Er könnte sonst meinen, Sie hätten die bessere Nase. Das ist zwar im Augenblick dann sehr schmeichelhaft, nur sollte der Hund eigentlich von Anfang an merken, wie es um uns wirklich bestellt ist. Sonst kann es nämlich sein, dass er sich mal auf uns verlässt, wenn wir ihm dann nicht mehr helfen können.

Beim richtigen Loben sollte der Hund vor Stolz einen Zentimenter wachsen.

Versuchen Sie ihm möglichst nicht zu helfen ... sonst könnte der Hund denken, Sie hätten die bessere Nase.

Wählen Sie auch mal unterschiedlich hoch gelegene Verstecke. Findet der Hund? Beobachten Sie ihn genau! Noch ist es zwar nicht so wichtig, dass Sie die einzelnen Regungen Ihres Hundes deuten können. Denn momentan kennen Sie das Versteck ja noch. Wenn es aber mal darum geht, Dinge zu finden, wovon auch Sie nicht wissen, wo sie sind - wie es ja im Ernstfall eigentlich so ist - spätestens dann sind Sie darauf angewiesen, Ihren Hund bestens zu verstehen. Sucht er überhaupt noch? Kommt er der Duftquelle näher? Hat er

Wählen Sie auch mal unterschiedlich hoch gelegene Verstecke.

etwas in der Nase, kommt aber, aus was für Gründen auch immer, nicht näher heran? All das sollten Sie aus seinem Verhalten erkennen können. Und es ist jetzt schon eine gute Gelegenheit, sich darin zu üben.

Findet der Hund das Spielzeug oder die Leckerchendose in den unmöglichsten Verstecken, dann können Sie ihn mal mit »Such« losschicken, ohne dass Sie zuvor etwas versteckt haben. Am besten bewaffnen Sie sich wieder mit der Videokamera, damit Sie anschließend diese Suche noch öfter angucken können.

Wann bricht der Hund die Suche ab? Wie signalisiert er Ihnen, dass nichts da ist? Diese Übung sollten Sie wirklich erst dann machen, wenn der Hund absolut verstanden hat, worum es geht und auch schon schwierigere Aufgaben gelöst hat, ohne bei Ihnen nach Hilfe zu suchen.

Sollte er sich dann jetzt nach Ihnen umsehen, Blickkontakt aufnehmen oder gar zu Ihnen kommen, loben Sie das genau so, als hätte er etwas gefunden.

Eine solche so genannte Negativanzeige ist nämlich ebenso wichtig. Damit sagt uns der Hund, dass nichts da ist. Wir werden das später noch brauchen. Daher lernen Sie auch hier, Ihren Hund zu beobachten.

Eine solche Negativanzeige sollten Sie allerdings nicht zu häufig machen. Als Faustzahl möchte ich einmal von dreißig Suchen ausgehen. Wenn Sie also jeden Tag eine Suche machen oder alle zwei Tage zwei, dann kann ruhig einmal im Monat eine solche Negativanzeige dabei sein, öfter aber nicht.

Von der Wohnung können Sie dieses Spielchen dann auch raus in den Garten ausdehnen. Oder auch auf dem Spaziergang können Sie den Hund etwas suchen lassen.

Nehmen Sie dafür anfangs denselben Gegenstand, den der Hund auch im Haus gesucht hat.

Sie sehen: Wir arbeiten immer von etwas Bekanntem hin zu etwas Unbekanntem in ganz kleinen Schritten. Das machen wir nicht etwa, weil die Hunde dumm sind, sondern, weil wir sonst keine Möglichkeit haben, ihnen zu sagen, was wir von ihnen wollen. Noch einmal: Sie verstehen unsere Sprache nicht! Es liegt an uns, einen Weg zu finden, sich mit ihnen zu verständigen. Dafür diese kleinen Übungsschritte. Wenn der Hund dann dennoch nicht versteht, worum es uns geht, war auch dieser Schritt zu groß und es sollten noch einige Zwischenschritte eingebaut werden.

Zwei weitere Faustregeln sollten Sie sich merken:

- **Nr. 2: Gestalten Sie die Übung immer so, dass der Hund Erfolg haben kann!**
- **Nr. 3: Wiederholen Sie eine erfolgreich ausgeführte Übung möglichst nie zweimal in der genau gleichen Weise!**

Ich lege hier am Anfang etwas Wert auf diese Grundlagen in der Ausbildung, die übrigens für jede Ausbildung gelten, weil ich in diesem Buch nicht alle Eventualitäten erwähnen kann. Aber ich möchte Ihnen eine Hilfe an die Hand geben, wie Sie damit fertig werden können.

Zur Erklärung von Faustregel Nr. 2:

Erfolg motiviert. Schon allein das ist ein wichtiger Grund, die Übung so aufzubauen, dass der Hund auch Erfolg haben kann. Damit steigern Sie mehr und mehr seine Bereitschaft, mit Ihnen zusammen zu arbeiten.

Außerdem ist dieser Erfolg für uns das Maß für die Verständigung. Genauso wenig, wie wir dem Hund sagen können, was wir von ihm wollen, kann er uns sagen, ob er die Aufgabe richtig verstanden hat. Wenn er eine Aufgabe aber erfolgreich löst, haben wir einen guten Hinweis darauf. Macht der Hund also einen Fehler, hat er die Aufgabe nicht richtig verstanden, bzw. die Anforderungen waren zu hoch. Sie werden in der Ausbildung am schnellsten vorwärts kommen, wenn Sie die Fehler immer bei sich suchen! Denn diese Fehler können Sie relativ einfach abstellen. Wir werden weiter unten eine kleine Übung dazu machen, damit das deutlicher wird.

Aber erst noch zur Erklärung von Faustregel Nr. 3, die besagt, dass man eine Übung nie zweimal in genau der gleichen Weise wiederholen soll, wenn der Hund sie verstanden hat.

Der Grund ist schlicht und einfach der, dass es langweilig ist. Stellen Sie sich ein Kind in der Schule vor. Vielleicht denken Sie auch an Ihre eigene Schulzeit. Der Lehrer erklärt Ihnen, dass das Herunterfallen eines Gegenstandes aus der Hand etwas mit der Schwerkraft zu tun hat. Würde er das jetzt jeden Tag wiederholen, würden Sie bald nicht mehr hinhören. Wird er es aber mit immer unterschiedlichen Beispielen deutlich machen - mal fällt ein Stein aus der Hand, mal eine Feder, dann dasselbe im luftleeren Raum - bleibt das durchaus spannend und es werden unter Umständen Aspekte deutlich, an die man sonst gar nicht gedacht hat.

So ähnlich geht es unseren Hunden natürlich auch.

Ständige Wiederholungen in der gleichen Weise sind langweilig. Die Hunde verlieren schnell das Interesse. Wenn Sie eine Übung immer leicht abwandeln, macht es aber auch für den Hund noch einiges deutlicher. Nehmen wir die einfache Übung »Sitz«. Ständiges eintöniges Wiederholen vergleiche ich gerne mit einer Strafarbeit in der Schule, wo z.B 50-mal derselbe Satz geschrieben werden soll »Ich soll keine Eselsohren ins Heft machen«. Ich denke, anhand dieses Beispieles kann jeder nachvollziehen, wie sich der Hund fühlt, wenn er immer dasselbe machen soll.

Natürlich braucht er aber auch die Wiederholungen, damit die richtige Verknüpfung im Kopf immer stärker wird.

Die Übung ständig etwas zu variieren, bedeutet jetzt z.B. an unterschiedlichen Stellen zu üben, mit unterschiedlicher Ablenkung, mal stehen Sie auf einem Bein, mal strecken Sie einen Arm in die Luft, mal gucken Sie in den Himmel, usw.

Der Hund wird damit nicht gelangweilt und er lernt immer deutlicher, dass es nur das Wörtchen »Sitz« ist, auf das es ankommt. Die Übung darf aber auch nur so weit verändert werden, dass es noch dieselbe Übung ist. Haben Sie mit Ihrem Hund das »Sitz« nur geübt, wenn er vor Ihnen ist, und um Abwechslung zu schaffen, gehen Sie jetzt und heben Ihre Arme hoch, dann ist das eine neue Übung. Das ist zu viel verlangt. Also:

- **Immer nur eine neue Sache gleichzeitig üben!**

... Das ist zu viel verlangt ...

Damit haben wir unsere Faustregel Nr. 4. Am besten schreiben Sie sie sich auf extra Zettel und hängen sie da auf, wo Sie am häufigsten üben. Diese Regeln gelten übrigens für jedes Training mit dem Hund, nicht nur für die Nasenarbeit.

Nun aber zu der angekündigten Übung für Sie:

Wenn Sie dem Hund eine bestimmte Sache beibringen wollen, müssen Sie sich genau überlegen, was Sie wollen. Nehmen wir unser bis jetzt schon geübtes Beispiel. Ziel ist, dass der Hund etwas wiederfindet, das Sie z.B. im Wald verloren haben.

Unsere Übungsschritte bis jetzt:

- **Schritt 1:** Sie legen einen Gegenstand (Spielzeug oder Leckerchendose) offensichtlich für den Hund hin und lassen ihn mit dem Kommando »Such« finden.
- **Schritt 2:** Der Gegenstand kommt wieder unter Sicht des Hundes in ein Versteck und der Hund soll finden.
- **Schritt 3:** Dasselbe an zwei weiteren Verstecken.
- **Schritt 4:** Ohne dass der Hund zusieht, verstecken Sie den Gegenstand in einem der drei bekannten Verstecke.
- **Schritt 5:** Schritt 2 bis 4 werden in einem anderen Raum wiederholt.
- **Schritt 6:** Ohne dass der Hund zusieht, wird der Gegenstand in einem für ihn fremden, aber einfachen Versteck deponiert.
- **Schritt 7:** Die Verstecke werden immer schwieriger.
- **Schritt 8:** Negativanzeige wird geübt.

Soweit, so gut. Bis hierhin sind wir jetzt, wollen aber mal dahin kommen, dass der Hund einen beliebigen Gegenstand von uns draußen irgendwo findet. Bevor Sie weiterlesen, überlegen Sie sich doch einmal, wie die nächsten Übungsschritte aussehen könnten. Lassen Sie sich dafür ruhig etwas Zeit, bzw. formulieren Sie die Übungsschritte auch schriftlich. Diese Übung hilft Ihnen bei allem, was Sie Ihrem Hund beibringen wollen. Denn die Prinzipien sind immer dieselben.

Hier kommt also mein Vorschlag. So sind alle die Möglichkeiten, die Sie in diesem Buch finden, nur Vorschläge. Es gibt meist so viele Möglichkeiten, einem Hund eine bestimmte Sache beizubringen, wie es Trainer gibt. Sie müssen dann die wählen, die Ihnen am meisten zusagt.

- **Schritt 9:** Mit dem selben Gegenstand wird z.B. draußen im Garten geübt.

- **Schritt 10:** Sie wechseln einige Male die Orte.
- **Schritt 11:** An einem bekannten Ort lassen Sie den Hund einen neuen Gegenstand suchen.
- **Schritt 12:** Sie wechseln öfter die Gegenstände und wählen auch ganz unterschiedliche, wie z.B. Geldbeutel, Schlüsselbund, Handschuh, usw.

Das sind nun unsere Trainingsschritte, bis wir dem Hund beigebracht haben, zu finden, was wir verloren haben.

Nun gilt es noch zwei Dinge zu beachten. Nehmen wir an, der Hund war bis zum letzten Trainingsschritt erfolgreich. Nun müssen Sie sich noch mal genau klar machen, was Sie ihm überhaupt beigebracht haben, bzw. was Sie jetzt von ihm erwarten können. Da spielt jetzt z.B. die Art der Gegenstände mit. Haben Sie ihn nur Stoffgegenstände suchen lassen, kann man nicht unbedingt erwarten, dass er auch einen Metallgegenstand sucht.

Die Gegenstände haben wahrscheinlich alle Ihren Duft. Daher können Sie nicht unbedingt von dem Hund erwarten, dass er auch findet, was eine andere Person verloren hat. Ich schreibe hier »nicht unbedingt«. Das soll heißen, es kann natürlich sein, dass der Hund auch diese Aufgabe meistert, weil er vielleicht verknüpft hat »Ich suche alles, was nach meinem Menschen riecht, egal was für ein Material es ist« im ersten Fall oder »Ich suche alles, was nach Mensch riecht, auch wenn es nicht nach meinem Menschen ist« im zweiten Fall. Und was genau er letztendlich verknüpft, können wir nicht bis ins kleinste Detail vorhersagen. Wir können nur versuchen, es möglichst in die richtigen Bahnen zu lenken. Da kommen wir immer an die Schwierigkeit, wie unterschiedlich die Hunde im Vergleich zu uns doch ihre Welt wahrnehmen.

Denken Sie immer daran, dass Sie von Ihrem Hund nur das erwarten können, was Sie ihm auch beigebracht haben!

Nehmen wir jetzt an, Ihr Hund hat z.B. zwischen dem 8. und 9. Trainingsschritt Probleme. Es könnte also sein, dass er in der Wohnung die kompliziertesten Verstecke findet und draußen im Garten gar nicht weiß, was Sie von ihm wollen. Das können Sie dadurch lösen, dass Sie zwischen dem 8. und 9. Trainingsschritt z.B. einfach noch fünf weitere einbauen. Versuchen Sie es! Wie würden Sie vorgehen?

Solche Übungen kann ich Ihnen gar nicht oft genug empfehlen. Egal, was Sie Ihrem Hund beibringen wollen, werden Sie dadurch immer besser. Sie lernen, ganz flexibel auf Ihren Hund zu reagieren und beim Übernehmen bestimmter Übungsvorschläge immer genauer nachzudenken, um dann auch eine Lösung zu wissen, falls der Hund mal an einer Stelle nicht weiterkommen sollte.

Eine mögliche Lösung zu den Trainingsschritten zwischen Schritt 8 und Schritt 9 wäre, dass Sie die Schritte 1-4 draußen wiederholen. Eine andere Möglichkeit wäre, dass Sie sich allmählich nach draußen arbeiten: Erst sucht der Hund im Flur, dann im Treppenhaus, dann vor der Haustür, dann immer weiter draußen. Vielleicht haben Sie ja noch eine andere Möglichkeit gefunden?

Praktische Anwendung:

Diese Übung können Sie jetzt auch für praktische Zwecke anwenden. Sie können dem Hund z.B. beibringen, einen ganz bestimmten Gegenstand zu suchen. Wie wäre es mit den Autoschlüsseln oder dem Handy?

Dann wiederholen Sie die ersten 8 Übungsschritte mit dem Autoschlüssel. Der Befehl könnte heißen »Such Schlüssel«. Wenn er das soweit kann, wiederholen Sie die Übung mit dem Handy. Sorgen Sie dafür, dass Sie den Autoschlüssel in der Hosentasche haben, damit er den Hund nicht ablenkt.

Wenn er die Übungen jeweils für sich gut macht, lassen Sie ihn als Nächstes das Handy suchen, wenn der Autoschlüssel auch herumliegt. Jetzt wird für den Hund also die Unterscheidung noch deutlicher, dass Schlüssel wirklich Schlüssel und Handy wirklich Handy ist. Sollte der Hund mit dem falschen Gegenstand ankommen, reagieren Sie gar nicht darauf, sondern schicken ihn einfach noch mal los. Sagen Sie auch nicht »nein« oder so etwas. Das frustriert nur. Wenn der Hund zu viele Fehler macht, gehen Sie einige Schritte in der Ausbildung zurück.

Der Hund kann auch einen verlorenen Gegenstand finden. Es empfiehlt sich ein Kommando, das es dem Hund deutlich macht, dass es kein bestimmter Gegenstand ist, den er schon kennt mit z.B. »Such verloren«. Mit entsprechendem Training kann er auch Sachen von fremden Leuten finden. Sie und Ihr Hund können zu einem gefragten Team werden, wenn sich das erst einmal herumspricht!

Diese bis jetzt vorgestellte Übung eignet sich auch hervorragend dazu, die Riechausdauer Ihres Hundes zu trainieren. Vielleicht betreiben Sie ja Rettungshundearbeit oder Fährtensport und wollen die Kondition des Hundes fördern. Lassen Sie ihn dafür häufiger unterschiedlich viele Gegenstände aufspüren. Das sind gute Übungen, die Sie ohne großen Aufwand machen können und die hervorragend die Ausdauer des Hundes fördern.

... Sie werden zu einem gefragten Team ...

Die Anzeige - Was sagt mir der Hund?

Eine Schwierigkeit in der Ausbildung bei der Nasenarbeit ist die, wie man es dem Hund begreiflich machen kann, was man von ihm möchte. Mit kleinen Übungsschritten und einem wohlüberlegten Übungsaufbau ist das zu meistern.

Die andere Schwierigkeit ist die, wie sagt mir der Hund, ob er etwas in der Nase hat oder ob er etwas gefunden hat.

Weiter oben habe ich schon mal geschrieben, wie wichtig es ist, den Hund genauestens zu beobachten. Am besten machen Sie das sogar wirklich dann und wann mit einer Videokamera, damit Sie sich manche Sequenzen wieder und wieder ansehen können.

Wenn der Hund zeigt, dass er etwas in der Nase hat oder eben etwas gefunden hat, nennt man das Anzeige.

Es gibt unterschiedliche Anzeigen. Einmal lassen sie sich unterscheiden nach denen, die der Hund natürlicherweise von sich aus zeigt und nach denen, die der Mensch ihm antrainiert hat. Wir wollen uns das im Folgenden etwas genauer ansehen.

Vielleicht sind Sie ja schon in der letzten Übung auf dieses Problem gestoßen. Dabei haben wir bisher noch keinen Wert auf eine

Nicht alle Hunde zeigen einen gefundenen Gegenstand so deutlich an.

spezielle Anzeige gelegt. Vielleicht haben Sie einen Hund, der Ihnen den gefundenen Gegenstand bringt, vielleicht haben Sie aber auch einen, der sich davor hinstellt und mit dem Schwanz wedelt oder im Extremfall einen, der kurz hinläuft, findet und wieder weiter geht.

Sollte Ihr Hund zu dem letzten Beispiel gehören, werden Sie schon bemerkt haben, wie schwierig es für einen Menschen ist, dann wirklich einzuschätzen: Hat er nun etwas gefunden oder nicht?

Um diese Schwierigkeit etwas zu umgehen, kann man dem Hund eine ganz spezielle Anzeige antrainieren. Trotzdem ist jedoch das, was der Hund natürlicherweise von sich aus zeigt, die natürliche Anzeige, die verlässlichste. Das zeigt er nämlich automatisch und muss nicht erst überlegen, was denn nun das verabredete Zeichen war. Die natürliche Anzeige wird auch die verlässlichste sein, in etwas schwierigen Situationen. Vielleicht vergisst der Hund die antrainierte Anzeige? Ich denke, es ist auch jedem von uns mal so gegangen, dass einem in einer bestimmten Situation eine wichtige Sache nicht mehr eingefallen ist. Wir sollten dem Hund also dann keinen Vorwurf machen, sondern besser trainieren und uns üben, das zu verstehen, was der Hund uns sagen will.

Die natürliche Anzeige

Was zeigt der Hund uns also? Hier ist jeder Hund unterschiedlich. Ich kann Ihnen also hier nicht beschreiben, was Ihr Hund im Speziellen als natürliche Anzeige anwenden wird. Das können Sie nur selbst von ihm lernen.

Das könnte eben ein Schwanzwedeln sein oder dass er den Kopf etwas tiefer oder höher nimmt. Das könnte eine bestimmte Körperhaltung sein, die er einnimmt, wenn er den Geruch in der Nase hat.

Wenn er dann gefunden hat, könnte er freudig herumspringen oder scharren, als sehr deutliche Signale. Oder er könnte kurz aufblicken und die Arbeit ist für ihn erledigt.

Ich kann nur immer wieder betonen, wie sehr es sich lohnt, diese Anzeigen des Hundes durch genaues Beobachten immer besser zu lernen. Man nennt das, dass Sie Ihren Hund *lesen* können sollten. Im Laufe des Buches werden wir immer wieder darauf stoßen, dass Sie sich auch ganz bewusst Feinheiten im Ausdruck des Hundes ansehen sollen. Wie sieht er aus, wenn er einen ganz starken Geruch in der Nase hat? Wie sieht er aus, wenn er ganz wenig Geruch hat? Wie sieht er aus, wenn er gar keinen Geruch findet, wie wir das am Beispiel der Negativanzeige schon hatten?

Antrainierte Anzeigen

Um es für den Menschen etwas deutlicher zu machen, kann man dem Hund auch spezielle Anzeigen antrainieren. Jede Art der Anzeige hat ihre eigenen Vor- und Nachteile. Der Hund kann aber auch durchaus in unterschiedlichen Übungen unterschiedliche Anzeigen lernen, damit man jeweils die bestmögliche Anzeige auswählen kann.

Apportieren

Bei unserer Gegenstandssuche wäre eine Möglichkeit, dass der Hund den gefundenen Gegenstand bringt. Das setzt natürlich voraus, dass er auch gelernt hat, die unterschiedlichsten Gegenstände, wie z.B. Autoschlüssel, Feuerzeug, Handy, usw. in seinen Fang zu nehmen und zu tragen, möglichst ohne darauf herum zu kauen.

Für das Suchen von verlorenen Gegenständen ist das eine durchaus sinnvolle Möglichkeit. Hat Ihr Hund jedoch Schwierigkeiten mit dem Apportieren, gibt es noch genügend andere Möglichkeiten der Anzeige.

In manchen Situationen ist es ja auch gar nicht erwünscht, dass der Hund das Gefundene ins Maul nimmt, wie z.B. bei der Gegenstandsanzeige auf der Fährte.

Auch da, wo Hunde ernsthaft zum Suchen eingesetzt werden, z.B. bei Rauschgift- oder Sprengstoffspürhunden, wäre es nicht sehr angebracht, wenn sie das, was sie finden, aufnehmen. Oder aber ein verlorener Gegenstand gehört einer vermissten Person und die Polizei möchte daran noch Spuren sichern. Auch da wäre es nicht sehr angebracht, wenn der Hund alles mit seinem Speichel unbrauchbar machen würde.

Manche Objekte eignen sich nicht zum apportieren.

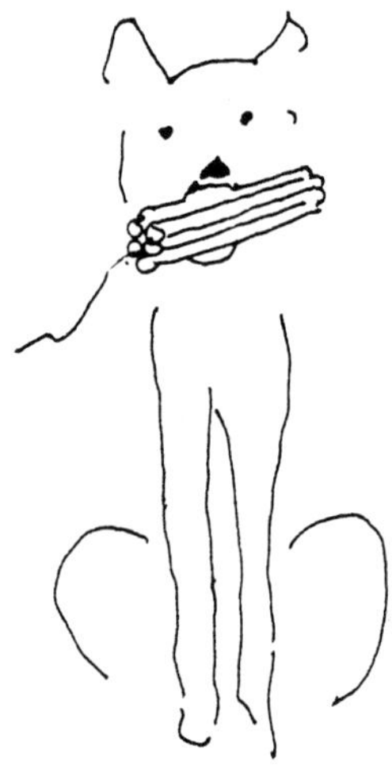

Man kann dem Hund aber sehr wohl beibringen, dass er z.B. bei der Such-verloren-Übung den gefundenen Gegenstand apportiert, auf der Fährte jedoch durch Hinlegen anzeigt. In diesem Fall könnte die Leine ein Unterschiedskriterium für den Hund sein. Auch hier gilt wieder, dass wir ihm nur richtig deutlich machen müssen, was wir von ihm möchten. In der Anlernzeit wird es dann hin und wieder vorkommen, dass der Hund die »falsche« Anzeige in einer bestimmten Übung zeigt. Das wird dann einfach so lange ignoriert, bis die richtige Anzeige kommt. Sie verstehen den Hund eben einfach nicht, bis er es Ihnen auf die richtige Weise sagt.

Vermeiden Sie das so viel verwendete »Nein«. Ich habe den Eindruck, dass damit alle Menschen schnell bei der Hand sind. Es bringt jedoch nicht viel und sagt dem Hund höchstens, was er nicht darf, was unter Umständen zu Frust führen kann. Der Hund erfährt damit aber noch nicht, was denn nun erwünscht ist.

In der Natur ist es so, dass Verhaltensweisen, die sich nicht lohnen, immer weniger gezeigt werden. Sorgen Sie also nur dafür, dass sich unerwünschtes Verhalten nicht lohnt, indem Sie es nicht beachten, erwünschtes Verhalten jedoch sehr lohnenswert ist.

... Das frustriert ...

Sitzen, Stehen, Hinlegen

Diese Anzeigen möchte ich alle zusammen abhandeln, weil es von der Aussagekraft eigentlich gleich ist, welche man wählt.

Auf der Fährte wird gerne das Hinlegen bei einem Gegenstand verlangt und das dann möglichst noch in Laufrichtung.

Da ist das eine durchaus brauchbare Anzeige. Auch in der Verloren-Suche wäre diese Art der Anzeige brauchbar, vorausgesetzt, man sieht den Hund bei der Arbeit. Damit hat man also eine gute Alternative, falls man sich bei einem - sagen wir mal nicht so apportierfreudigen - Hund nicht die Mühe machen möchte, es ihm beizubringen.

Bei Geruchsunterscheidungen, wie ich sie weiter unten noch vorstellen möchte, ist diese Art der Anzeige weniger geeignet. Wenn der Hund nämlich zwanzig Gegenstände vor sich liegen hat und steht dann nur oder liegt oder sitzt davor, dann ist das nicht sehr aussagekräftig.

Es gibt wie bei allem wieder eine ganze Menge Möglichkeiten, wie ich dem Hund diese Art der Anzeige beibringen kann. Beispielhaft möchte ich hier nur zwei beschreiben. Beide Möglichkeiten sind gedacht zum Trainieren der Anzeige auf der Fährte oder bei der Spurensuche.

Die erste Möglichkeit wird zunächst unabhängig von der Fährte oder Spur trainiert. Voraussetzung ist, dass Ihr Hund das Kommando »Platz« (oder »Sitz« oder »Steh«, je nachdem, was Sie verwenden wollen) beherrscht.

Sie legen den Gegenstand auf den Boden. Wenn der Hund ihn wahrgenommen hat, geben Sie ihm das Kommando »Platz«. Das wiederholen Sie so oft, bis der Hund sich automatisch hinlegt, wenn der Gegenstand auf den Boden kommt. Der Gegenstand wird für den Hund quasi zum neuen Platz-Kommando. Bisher war der Hund noch bei Ihnen. Im nächsten Übungsschritt ist entweder der Hund einige Schritte weg oder Sie legen den Gegenstand erst in einiger Entfernung hin. Der Hund sollte jetzt zum Gegenstand hinlaufen und sich hinlegen. Sollte dieser Schritt nicht funktionieren, denken Sie wieder daran, Zwischenschritte einzubauen. Der Gegenstand war dann für den Hund schon zu weit weg. Also trainieren Sie die Entfernung, wenn es sein muss, in Zehn-Zentimeter-Schritten.

Im nächsten Schritt deponieren Sie den Gegenstand so, dass der Hund nicht zusehen konnte, jedoch auf einer übersichtlichen Fläche. Sie nähern sich dann mit dem Hund dem Gegenstand oder lassen den Hund alleine gehen (je nachdem) und beobachten nur, was er macht. Er sollte sich jetzt schon von sich aus hinlegen, ohne dass er von Ihnen ein Kommando bekommt. Nur im Notfall geben Sie Hilfestellung, aber auch dann nur höchstens einmal. Hat der Hund es damit noch nicht verstanden, gehen Sie lieber noch mal einige Schritte in der Ausbildung zurück.

Im nächsten Übungsschritt sollten Sie noch die Ablenkung einbauen. Dafür können Sie sich alles Mögliche einfallen lassen. Es geht darum, es dem Hund etwas aufregend zu machen. In der Suche sind die meisten Hunde nämlich sehr erregt und sie könnten dann vor lauter Aufregung ganz vergessen, was sie machen sollen. Also bauen Sie die Aufregung so nach und nach schon vorher ein.

Der letzte Schritt, bevor Sie die Anzeige dann wirklich in der Fährte oder Spurensuche einsetzen können, ist noch, dass der Hund diese Art der Anzeige auf alle möglichen Gegenstände verallgemeinern soll. Dazu machen Sie also dieselbe Übung mit unterschiedlichen Gegenständen. Jetzt erst sollten Sie diese Anzeige in die Fährte oder beim Spurensuchen einbauen.

Beim Fährten gibt es noch die erwähnte Besonderheit, dass der Hund in Laufrichtung vor dem Gegenstand liegen soll. Das erreicht man am besten dadurch, dass man den Hund nur von vorne belohnt. Das geht entweder ganz gut mit einem Helfer, der die Belohnung dann übernimmt, oder Sie gehen erst am Hund vorbei, bevor Sie ihn belohnen. Wenn Sie das noch mal auf der linken und mal auf der rechten Seite machen, sollte eigentlich dem vorgebeugt werden, dass der Hund sich erwartungsvoll nach Ihnen umsieht und damit dann schräg liegt. Nehmen Sie sich nur bitte wirklich Zeit, diese Anzeige von Grund auf aufzubauen.

Wir hatten ja schon mal erwähnt, dass man immer nur an einem Kriterium gleichzeitig arbeiten sollte. Wenn der Hund die Anzeige noch nicht richtig beherrscht und soll dann auch noch auf die Richtung achten, in der er sich hinlegt, dann ist er damit überfordert und Sie erzeugen nur Frust. Wie immer in der Ausbildung sollte jedoch der Spaß im Vordergrund stehen.

Bei der nächsten Möglichkeit, diese Anzeige zu trainieren, gehen wir sofort auf die Fährte, bzw. die Spur. Sobald der Hund seine Aufgabe, nämlich das Suchen dort verstanden hat, werden übertrieben viele Gegenstände auf die Strecke gelegt. Sie beobachten einfach nur, was Ihr Hund macht. Wenn er die Gegenstände überläuft, ist das kein Problem. Irgendwann wird er mal bei einem stoppen, wenn auch nur ganz kurzfristig. Und das sollten Sie ganz besonders belohnen. In Trainerjargon heißt das: Der Hund bekommt einen Jackpott. Das könnte z.B. ein ganz besonderes Leckerchen sein oder ein Spiel mit seinem Lieblingsspielzeug. Wenn der Hund nur weiter suchen möchte, ist das auch in Ordnung. Auch das ist ja dann eine schöne Belohnung für ihn.

Um dieses anfangs meist nur andeutungsweise Stoppen bei einem Gegenstand einzufangen, ist der Klicker als so genannter sekundärer positiver Verstärker bestens geeignet. Ich möchte darauf hier nicht näher eingehen, weil ich die Verwendung des Klickers schon in anderen Veröffentlichungen beschrieben habe (siehe Literaturverzeichnis).

Aus diesem andeutungsweisen Zögern wird nach und nach ein immer deutlicheres Stoppen. Das können Sie dann als Signal einfach so lassen oder ein Sitz oder Platz verlangen, bevor die Belohnung kommt. Nach vielen Wiederholungen wird der Hund dann automatisch das zeigen, was Sie immer belohnt haben.

Hat der Hund diese Übung verstanden, werden die Gegenstände auf der Spur übrigens wieder ausgedünnt. Die besonders vielen wurden nur hingelegt, um schneller eine Chance zu haben, den Hund belohnen zu können.

Bellen

Vor allem in der Rettungshundearbeit wird hier bei uns hauptsächlich das Bellen als Anzeige verwendet. Ich nehme an, dass das ursprünglich aus dem Verbellen im Schutzhundesport kommt.

Der Vorteil ist, dass es relativ leicht zu trainieren und je nach Umgebung gut zu hören ist. Das ist dann besonders in solchen Situationen wichtig, wo ich den Hund nicht mehr sehen kann.

Die Nachteile überwiegen: Obwohl das Bellen relativ leicht zu trainieren ist, ist es relativ schwer, es unter Signalkontrolle zu bekommen. Das bedeutet, dass der Hund auch nur bellt, wenn er das entsprechende Signal hat, was am Anfang ein Kommando sein kann, später ist es dann das gefundene Opfer. Er sollte nicht bellen, wenn dieses Signal nicht da ist. Und darin liegt das Problem. Hat ein Hund erst einmal herausgefunden, dass Bellen sich manchmal lohnt, wird er es entsprechend häufiger, auch in anderen Situationen

Hat der Hund herausgefunden, dass Bellen sich lohnt ...

anwenden. Um es unter Signalkontrolle zu bekommen, dürfte es in keiner anderen Situation beachtet werden. Ich denke, das ist deswegen so schwierig, weil wir Menschen eben hauptsächlich über Worte kommunizieren und daher auch beim Bellen des Hundes so leicht reagieren.

Nach meinem Geschmack ist das ständige Bellen aber - wenn es nicht unter Signalkontrolle ist - etwas sehr lästiges.

Ein weiterer Nachteil ist für mich der, was das Opfer wohl empfinden muss. Stellen Sie sich vor, Sie liegen irgendwo mit einem gebrochenem Bein, ein Hund findet Sie, stellt sich vor Sie und bellt was das Zeug hält. Rettungshunde sind ja oft keine kleinen Hunde. Dann kann es entsprechend lange dauern, bis der dazugehörende Mensch kommt! Furchtbar!

Bellen - für das Opfer nicht gerade angenehm.

Auch für den Hund ist das nicht unbedingt die sinnvollste Lösung. Nehmen wir an, es ist an einem sehr heißen Tag. Der Hund findet das Opfer und bellt. Das Opfer liegt in einem schwer zugänglichen Gebiet, es dauert also entsprechend lange, bevor der Hundeführer nachkommt. In dieser Situation ist das Bellen für den Hund sehr anstrengend, und dann soll er das womöglich noch über eine viertel Stunde oder länger machen. Wenn er dann vor Erschöpfung aufhört, werden er und das Opfer nicht mehr gefunden.

Außerdem kann es Situationen geben, in denen man aus einiger Entfernung kein Bellen mehr hört.

In Amerika wird viel mehr damit gearbeitet, dass der Hund, der gefunden hat, zu seinem Hundeführer zurückläuft und ihn dann zum Opfer hinführt. Dabei kann er auch wieder mit unterschiedlichen Möglichkeiten anzeigen, dass er gefunden hat. Sonst könnte man es ja damit verwechseln, dass er nur mal wieder nach seinem Hundeführer gucken kommt. Einige Möglichkeiten sind z.B. Bellen, Vorsitzen, Anspringen oder Bringseln. Beim Bringseln trägt der Hund ein spezielles Halsband, an dem ein Gegenstand - eben das Bringsel - befestigt ist, das der Hund dann ins Maul nimmt und seinem Menschen bringt, wenn er das Opfer gefunden hat.

Wie funktioniert die Nase und wie verhält es sich mit den Gerüchen?

Wir wollen uns hier etwas genauer die Funktion der Hundenase ansehen, um den Prozess, der beim Riechen abläuft, auch gut zu verstehen.

Genau genommen riecht der Hund nicht mit der Nase, sondern mit dem Riechepithel. Das ist eine dünne Schleimhaut, die einen Teil der Nasenhöhle auskleidet. Ein Teil von der eingeatmeten Luft strömt über dieses Epithel. Die in der Luft befindlichen Geruchsmoleküle diffundieren in den Schleim, der auf diesem Epithel liegt und können dann wahrgenommen werden.

Das Riechepithel besteht aus drei verschiedenen Zelltypen. Da gibt es zum einen die Stützzellen, die sozusagen das Grundgerüst bilden. Darin eingebettet befinden sich die eigentlichen Riechzellen. Diese Riechzellen sind Nervenzellen, die direkt mit dem Gehirn verbunden sind. Die dritte Zellart sind die so genannten Basalzellen, was eigentlich nachwachsende Riechzellen sind. Denn die Riech-

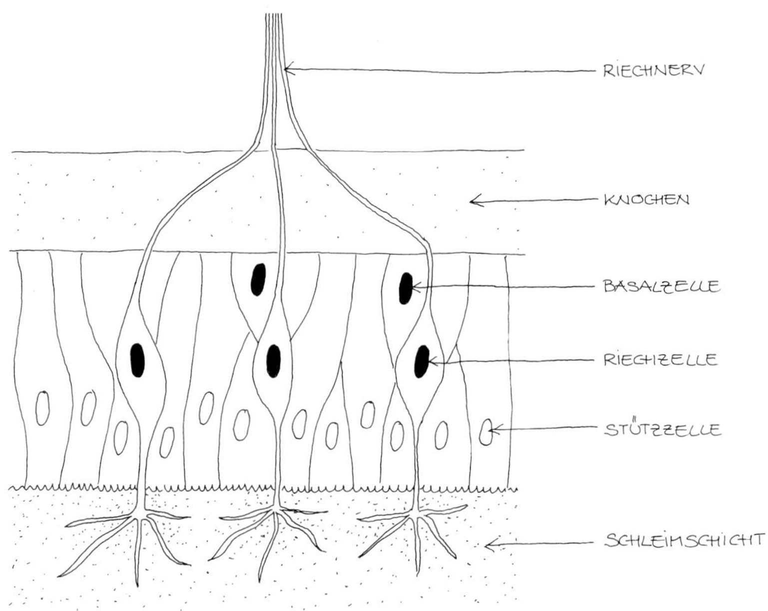

zellen wachsen kontinuierlich, sterben ab und werden durch neue ersetzt in einem Zyklus, der ungefähr ein bis zwei Monate dauert. Die Riechzellen sind damit die einzigen Nervenzellen, die das ganze Leben hindurch immer wieder ersetzt werden.

Die einzelnen Riechzellen haben so etwas wie kleine Antennen, die in die Schleimschicht hineinragen, die das Riechepithel bedeckt. Diese Schleimschicht enthält unter anderem Antikörper, die hier eine sehr wichtige Aufgabe erfüllen, da über die Riechzellen eine direkte Verbindung zum Gehirn besteht, was manche Krankheitserreger als Eingangspforte benutzen.

In dieser Schleimschicht sind aber auch die Geruchspartikel gelöst. Sie binden an bestimmte Eiweiße in der Membran dieser kleinen Antennen, die in die Schleimschicht hineinragen. Durch eine chemische Reaktion wird ein elektrisches Potenzial erzeugt, was dann die Information über den Riechnerv ins Gehirn leitet. Obwohl die Feinheiten noch nicht bis ins Detail erforscht sind, sieht es so aus, als ob jede Riechzelle Rezeptoren - man könnte sagen »Anlegestellen« - für einen bestimmten Geruchsstoff hat.

Es wurden schon an die 1000 Gene gefunden für solche unterschiedlichen Rezeptoren in der Riechschleimhaut.

Während beim Menschen die Größe dieser Riechschleimhaut insgesamt nur 10 cm^2 beträgt, beträgt sie beim Hund immerhin bis zu 170 cm^2. Außerdem haben Hunde in jedem Quadratzentimeter dieser Riechschleimhaut über hundertmal mehr einzelne Riechzellen als der Mensch.

Ein nächster großer Unterschied besteht in der Größe des Riechhirns, das beim Hund im Vergleich zu seiner Gehirngröße um einiges größer ist als beim Menschen.

Im Riechhirn werden die Informationen, die von der Riechschleimhaut weitergeleitet werden, verarbeitet. Dort findet zum Bespiel die Geruchsunterscheidung statt. Außerdem bestehen Verbindungen vom Riechhirn zu vielen anderen Teilen des Gehirns, die mit Gefühlen oder Erinnerungen zu tun haben.

Der genaue Prozess des Riechens ist hochinteressant und spannend und bis ins kleinste Detail bei weitem noch nicht erforscht.

Hunde können - im Gegensatz zu uns - »stereo« riechen. Das bedeutet, dass sie die Informationen aus den Gerüchen in beiden Nasenhöhlen viel effektiver getrennt verarbeiten können und damit auch Richtungen bestimmen können. Findet ein Hund eine Spur, dann weiß er, in welche Richtung der jeweilige Mensch oder das

Tier gelaufen ist. Es wäre in der Natur bei einem Jäger wie dem Hund auch sehr unvorteilhaft, würde er einer Spur in die falsche Richtung folgen.

Ein Hund muss also nicht erst lernen, der Spur in einer bestimmten Richtung zu folgen, wie es vielfach angenommen wird.

Auf diese Weise kann der Hund auch feststellen, woher ein Geruch kommt, der von einer bestimmten Geruchsquelle ausgeht, z.B. Sprengstoff für einen Sprengstoffspürhund. So wie wir die Richtung eines Geräusches einordnen können, kann der Hund das mit dem Geruch.

Die viel effektiveren Verschaltungsmöglichkeiten im Riechhirn des Hundes ermöglichen auch eine viel höhere Auflösung des Geruches. Das kann man schön mit digitaler Fotografie vergleichen. Hat die Kamera eine geringe Speicherkapazität (entspricht dem kleinen Riechhirn des Menschen), dann ist die Auflösung des Bildes nachher sehr gering. Besonders Details können sehr unscharf sein. Hat die Kamera dagegen eine hohe Speicherkapazität (wie das Riechhirn des Hundes), ist die Auflösung sehr viel genauer.

Die Auswirkungen davon können wir wieder nur erahnen. Wenn wir in einen Raum hinein kommen, in dem es unangenehm riecht, dann nehmen wir ein Geruchsgemisch wahr, was wir aber in den seltensten Fällen weiter differenzieren können. Der Hund mit seiner viel größeren Auflösungsmöglichkeit für die unterschiedlichen Gerüche nimmt jedoch viele Einzelgerüche wahr. Und auch wenn ein bestimmter Geruch sehr dominierend ist, ist der Hund noch in der Lage, einen sehr viel schwächeren herauszuriechen.

Die Funktion der Nase, wie wir sie uns bisher angesehen haben, macht uns für die praktische Arbeit einiges deutlich. So muss zum Beispiel die Nasenschleimhaut immer schön feucht sein, damit sich auch Geruchspartikel darin lösen können. Gerade bei heißem Wetter bedeutet das, dass dem Hund öfter Wasser angeboten werden sollte, weil sonst auch seine Riechleistung leidet.

Der Hund kann nur riechen, wenn er auch einatmet und damit Luft über die Riechschleimhaut strömen lässt. Das hört sich jetzt simpel und logisch an. Außerdem atmet der Hund ja die ganze Zeit, werden Sie sagen. Diese kleine Tatsache muss man jedoch berücksichtigen, wenn der Hund einen bestimmten Geruch aufnehmen soll. Hält er nämlich dann, wenn man ihm einen Geruch präsentiert gerade den Atem an, kann man nicht von ihm verlangen, dass er den Geruch auch wirklich wahrgenommen hat.

Der Geruch

Was sind nun eigentlich die Geruchsstoffe? Was riecht der Hund, der z.B. eine Spur verfolgt?

Geruchspartikel sind chemische Stoffe, die sich in der Umwelt befinden und von einem Lebewesen wahrgenommen werden. Schon Einzeller können bestimmte chemische Stoffe entdecken. Der Geruchssinn ist in erster Linie dazu notwendig, dem Körper lebensnotwendige Ressourcen zu entdecken und ihn vor schädlichen Stoffen zu schützen.

Zu diesen lebenswichtigen Ressourcen gehören Futter, z.B. Beute, Wasser, aber auch Sozialpartner für ein geschütztes Zusammenleben und - was letztendlich am wichtigsten ist - für die Fortpflanzung.

Es wird noch viel spekuliert, was der Hund nun letztendlich riecht, wenn er eine menschliche Spur verfolgt. Das könnten Moleküle sein, die vom Körper abgegeben werden oder aber auch Zersetzungsprodukte z.B. der Hautzellen. So verliert der Mensch pro Minute ca. 40.000 alte Hautzellen. Die sind jeweils mit Bakterien beladen. Über unsere gesamte Hautoberfläche haben wir Bakterien verteilt, einige Tausend bis gar Millionen pro Quadratzentimeter. Eine abgestorbene Hautzelle dient dann den zwei bis drei Bakterien, die sich darauf befinden, als Nahrung. Dadurch entstehen Stoffwechselprodukte und Gase, die den Geruch mit ausmachen.

Dann spielt es natürlich auch eine Rolle, was der Hund lernt. Bei der Fährtensuche soll der Hund als Beispiel direkt auf der Spur laufen. Da wird immer davon gesprochen, dass er die Bodenverletzung riecht, d.h. also diejenigen Stoffe, die durch die abgestorbenen Mikroorganismen oder Pflanzenteile und durch deren Abbau von Bakterien entstehen. Einige Versuche, die bei der Fährtensuche mit unterschiedlichen Personen gemacht wurden und an anderer Stelle beschrieben werden, scheinen das zu bestätigen. Meiner Meinung nach ist das aber etwas Unnatürliches, was dem Hund künstlich auftrainiert wird. Damit wird die Arbeit des Hundes künstlich eingeschränkt, wohl damit man es als Mensch einfacher hat, weil man weiß, wo die Fußabdrücke sind, nicht aber wo der Geruch ist, nach dem sich der Hund orientiert.

Man weiß inzwischen auch schon eine ganze Menge, wie Hunde oder auch andere Tiere über bestimmte Duftstoffe, die so genannten Pheromone, kommunizieren. Es gibt in einer Tierart viele unterschiedliche Pheromone, die zur Übermittlung von einer ganzen Reihe an Informationen dienen. So geben diese Pheromone ein ziemlich genaues Bild über z.B. Geschlecht, Alter und Stimmung dessen, der diese Stoffe abgegeben hat. Das gilt für die Kommunikation innerhalb einer Tierart. Sogar beim Menschen werden viele Informationen über Pheromone übermittelt, deren wir uns nur nicht bewusst sind.

Ich denke, es wäre für den Hund etwas uneffektiv, wenn er sich mit Gerüchen von Bodenverletzungen begnügen würde, wo er doch viel mehr Informationen bekommen kann. Das gilt natürlich besonders, da der Hund in den meisten Fällen sehr gut auf den Menschen sozialisiert ist, also mit dessen Pheromonen und bestimmt auch mit deren Bedeutung vertraut ist.

Auch haben alle unsere Zellen bestimmte Eiweißmoleküle, die dem eigenen Körper erlauben, zwischen fremd und eigen zu unterscheiden. Sie sind sehr individuell. Auch das könnte der Hund riechen.

Das sind natürlich Spekulationen, die solange nicht bewiesen werden können, bis es Kartierungen des Gehirnes über die Wahrnehmung der einzelnen Duftstoffe gibt.

Es gibt bis jetzt eben nur bestimmte Hinweise, die diese Vermutung unterstützen. Die oben erwähnten Eiweißmoleküle sind z.B. genetisch festgelegt und sind so von Individuum zu Individuum etwas unterschiedlich. Es wurde festgestellt, dass Bloodhounds bei eineiigen Zwillingen Schwierigkeiten haben, diese zu unterscheiden, nicht jedoch bei zweieiigen Zwillingen.

Ich möchte hier ein Modell beschreiben, wie man sich den Geruch auf der Spur ganz gut vorstellen kann. Die meisten Verhaltensweisen des Hundes auf der Spur lassen sich damit auch gut erklären. Wie gesagt: Es ist nur ein Modell, das für uns Menschen aber ganz nützlich ist, weil wir uns mit dessen Hilfe etwas besser in die Arbeit des Hundes hineinversetzen können. Bis jetzt kann eben niemand sagen, was ganz genau vor sich geht. Und dann kommt es eben auch darauf an, was der Hund letztendlich wahrnimmt. Das können wir uns wieder anhand unseres Sehsinnes deutlich machen. Der eine guckt anderen Menschen gerne in die Augen und prägt sich diese auch am ehesten ein, der andere sieht lieber auf die Figur und kann sich das besser merken. Oder jeder kennt die Diskussion bei kleinen Kindern, ob sie wohl eher Mama oder Papa gleichen. Und auch das hängt davon ab, was die jeweilige Person zuerst wahrnimmt, Augen, Nase, Mundpartie usw.

Jeder Mensch strömt für den Hund einen Geruch aus. Aus was der besteht, habe ich weiter oben schon spekuliert, ist aber letztendlich jetzt nicht so wichtig. Wahrscheinlich nimmt der Hund auch unterschiedliche Gerüche wahr, die sich für ihn dann zu einem recht umfangreichen Bild ergänzen. Stellen wir uns einen Menschen vor, der an einer Stelle unbeweglich steht. Die Geruchsmoleküle, die diesen Mensch verlassen, diffundieren in die ihn umgebende Luft. Um den Menschen herum entsteht also eine kreis- oder besser gesagt

Stehender Mensch - kugelförmige Duftwolke ...

kugelförmige Duftwolke. Bewegt sich dieser Mensch, wird aus der Duftkugel eine Duftröhre. Diese Duftröhre bleibt natürlich nicht lange bestehen, sondern verändert sich, vielleicht so ähnlich wie der Kondensstreifen eines Flugzeuges. Zum Teil werden die einzelnen Duftteilchen sicher einfach verweht, zum Teil sinken sie auf den Boden hinab. Das erklärt, dass viele Hunde auf einer sehr frischen Spur eher mit etwas höherer Nase laufen. Sie brauchen gar nicht am Boden zu suchen, weil sie ja im Prinzip in einem Tunnel aus Geruchstoff laufen. Je älter die Spur ist, desto tiefer geht erfahrungsgemäß die Nase, weil sich mit der Zeit die Geruchsteilchen am Boden absetzen.

Wo sich die Geruchspartikel, die der Hund verfolgt, nun gerade befinden, hängt aber nicht nur vom Alter der Spur ab, sondern auch von den Luftverhältnissen. Wind treibt die Duftröhre natürlich weg, und der Hund läuft einige Meter neben der Spur, die der Mensch eigentlich gegangen ist, es sei denn, er ist wie der Fährtenhund auf die Bodenverletzungen trainiert, die er viel genauer verfolgen kann. Starker Wind kann unsere bildhafte Duftröhre förmlich zerfetzen.

... bewegt er sich - Duftröhre.

Wenn starker Wind von vorne kommt, kann man während der Suche einer frischen Spur beobachten, dass der Hund zwischendurch den Geruch verliert, um immer wieder »Geruchsfetzen« zu finden. Es hängt natürlich vom Trainingsstand des Hundes ab und von seinen Erfahrungen, wie er damit umgehen wird. Kommt starker Wind von der Seite, ist es ab einer gewissen Windstärke für den Hund nicht mehr möglich zu arbeiten.

Warme Luft steigt nach oben und mit ihr die Geruchsstoffe. Sucht der Hund z.B. bei etwas kühlerem Wetter mit tiefer Nase im Schatten, beobachtet man oft, dass die Nase höher geht, wenn er an einen sonnigen Abschnitt kommt.

Dieses Modell erklärt auch, weshalb alte Spuren anders riechen als frisch gelegte. Der Geruch wird nicht nur weniger, verändert sich also quantitativ, sondern auch qualitativ, indem eben die flüchtigen Teilchen verschwinden, während die anderen zu Boden sinken. Die Riechleistung des Hundes wird dann sicher auch davon abhängen, aus wie vielen verschiedenen einzelnen Stoffen er sich sein Geruchsbild letztendlich zusammensetzt.

Bei sehr sonnigem Wetter mit heißer, trockener Luft, können sich die Geruchsteilchen besser in der Luft verteilen, sie verschwinden also eher, als bei feuchtem Wetter. Dadurch konserviert feuchtes Wetter oder z.B. auch der Tau eine Spur in gewisser Hinsicht. Zur Suche eignen sich also die Morgen- oder Abendstunden am besten. Im Training sollten Sie jedoch ruhig unter allen möglichen Wetterverhältnissen üben, damit Sie Ihren Hund und dessen Leistungen immer besser kennen lernen.

In den allermeisten Fällen sollten Sie Ihren Hund alleine die Arbeit machen lassen. Denn Sie können ihm nicht sagen, wo der Geruch ist. Es gibt aber Fälle, in denen ist unser Verstand gefordert. Es kann z.B. sein, dass der Hund den zu suchenden Geruch in der Nase hat, aber nicht mehr weiterkommt. Dann müssen Sie Wind-, Wetter- und Geländeverhältnisse beachten, um Ihren Hund da wieder anzusetzen, wo er wahrscheinlich wieder Erfolg haben wird.

Wie der Hund arbeitet, hängt natürlich auch sehr von seiner Ausbildung ab. So kann der Hund z.B. lernen, einen bestimmten Geruch zu finden, wie es z.B. bei einem Sprengstoffspürhund der Fall ist (oder bei unserem Suchspiel den Geruch des Spielzeuges), oder er kann lernen, einem vorgegebenen Geruch zu folgen, wie ich es bei der Spurensuche zeigen werde. Man kann den Hund trainieren, mit der Nase am Boden (z.B. Fährtenhund), mit halbhoher Nase (z.B. Spurensuchhund) oder mit hoher Nase (z.B. Flächensuchhund) zu arbeiten. Das sind eigentlich für uns Menschen künstliche Unterscheidungen. Lässt man den Hund alleine arbeiten, wird er sicher die Arbeitsweise wählen, die ihn am schnellsten zum Erfolg führt, ohne groß zu unterscheiden.

Allerdings kann der Hund eben auch ganz speziell auf eine bestimmte Arbeit trainiert werden. Und dann muss man sich klar machen, was man dem Hund damit beigebracht hat oder muss sich auch immer wieder fragen, ob man ihm wirklich das beigebracht hat, was man gerne wollte.

Als Beispiel möchte ich den Hund nehmen, der dazu ausgebildet wird, Rauschgift zu finden und anzuzeigen. Bekommt er dieses Rauschgift immer im selben Behälter präsentiert, kann es sein, dass er im Training seine Arbeit hervorragend macht, im Ernstfall jedoch »versagt«, weil er eben in Wirklichkeit gelernt hat, den Behälter zu suchen und nicht das darin befindliche Rauschgift.

Wir können dem Hund nun mal nicht sagen, was er suchen soll. Wir können es ihm nur über den Trainingsaufbau versuchen deutlich zu machen. Und dafür ist es wichtig, so viel wie möglich einmal über das Lernen der Hunde, aber auch über Geruch und alles was damit zusammenhängt zu wissen. Mit diesem Wissen muss man dann seinen Trainingsaufbau immer wieder kritisch hinterfragen.

Aber nun wieder in die Praxis:

GERUCHSUNTERSCHEIDUNG

Zu welch hervorragenden Leistungen unsere Hunde fähig sind, wird sehr schön in der Geruchsunterscheidung deutlich. Dabei geht es darum, dass der Hund aus mehreren Gegenständen einen mit einem etwas anderen Geruch herausfindet. Das kann z.B. ein Gegenstand sein, den Herrchen oder Frauchen vor kurzem angefasst hat und der jetzt zwischen einigen anderen »neutralen« Gegenständen liegt, wie es zum Beispiel beim Obedience gefordert ist.

Sie brauchen dazu einige neutrale Gegenstände, die eben noch keinen speziellen Geruch an sich haben außer ihrem jeweiligen Eigengeruch. Ganz gut geeignet dazu sind Bierdeckel, die allerdings frisch aus der Verpackung sein sollten und nicht einfach aus den Wirtschaften gesammelte. Sicher finden Sie aber einen netten Wirt oder Wirtin, den Sie nach einer unangefangenen Packung Bierdeckel fragen können. Die haben den Vorteil, dass sie billig sind und man hat eine große Anzahl vorrätig, damit also immer wieder geruchsneutrale zur Hand. Wenn man die Bierdeckel in der Hälfte knickt, kann der Hund sie auch wunderbar aufnehmen, falls Sie sich für das Apportieren als Anzeige entschieden haben.

Beim Knicken und beim Auslegen der Bierdeckel müssen Sie darauf achten, dass Sie sie nicht mit Ihrem Geruch kontaminieren. Dazu eignen sich am besten Einmal-Plastikhandschuhe. Seien Sie beim Anziehen vorsichtig, dass Sie sie nicht von außen berühren, sondern nur an der Stelle, die dann später am Handgelenk sitzt. Eine andere Möglichkeit wäre, dass Sie mit einer Zange oder einer Pinzette arbeiten, was sich vor allem dann anbietet, wenn die Bierdeckel schon geknickt sind.

»Ist das nicht alles etwas übertrieben?«, werden Sie sich vielleicht jetzt denken. Das ist es ganz und gar nicht. Denn gerade am Anfang geht es darum, mit so wenig Geruchskontamination wie möglich zu arbeiten, schon alleine aus dem Grund, dass wir uns mit dem Hund verständigen können. Wir können ihm nun mal nicht sagen: »Nun bring mir bitte den Gegenstand, der nach mir riecht« oder »... der nach Mandelöl riecht« oder was auch immer wir gerne hätten. Denn der Hund versteht das nicht. Also müssen wir dafür sorgen, dass sich die Gegenstände auch wirklich nur in einem Geruch unterscheiden. Und wenn man sich die ganz besondere Riechleistung der Hunde vor Augen hält, ist das schon gar nicht so einfach. Es lohnt sich daher, in der Beziehung wirklich oberpingelig zu sein. Wir werden zwischendurch immer wieder darauf zurückkommen.

- **Erste Übung: Wo ist dein Bierdeckel?**

Jetzt geht es also los. Wie immer gibt es verschiedene Möglichkeiten, dem Hund eine Sache beizubringen. Mit der folgenden Übung werde ich Ihnen eine davon vorstellen. Zunächst geht es also darum, dass der Hund unter mehreren Gegenständen einen heraussucht, der seinen Geruch trägt. In diesem Beispiel wollen wir mit dem Apportieren als Anzeige arbeiten. Zunächst sollte der Hund also lernen, einen Bierdeckel in den Fang zu nehmen und Ihnen zu bringen. Entweder spielen Sie damit mit dem Hund und werfen ihn dann weg. Spielbegeisterten und apportierfreudigen Hunden dürfte das ausreichen, sie dazu zu bewegen, den Bierdeckel aufzunehmen und Ihnen wieder zu bringen. Für Hunde, die nicht so

Wenn er zum Bierdeckel guckt - klick!

gerne spielen, leistet hier der Klicker gute Dienste. Zunächst bekommt der Hund Klick und Leckerchen, wenn er nach dem Bierdeckel guckt, dann wenn er ihn mit der Nase berührt, dann wenn er ihn ins Maul nimmt und schließlich, wenn er ihn zu Ihnen bringt. Das ist das einzige Stadium im Training, in dem Sie immer mit demselben Bierdeckel arbeiten dürfen.

Diesen ersten »Trainings-Bierdeckel« können Sie dann auch schon für die erste Geruchsunterscheidung verwenden. Wenn der Hund Ihnen diesen Bierdeckel freudig und sicher bringt, legen Sie (am besten mit der Zange) einen zweiten, »frischen« in ca. 1,5 Metern Abstand. Loben Sie den Hund ausgiebig, wenn er Ihnen den richtigen Bierdeckel bringt. Das wird jetzt durch den großen Abstand des zweiten Deckels für den Hund einfach gemacht. Bringt er dennoch den falschen, wird er nicht beachtet. Ersetzen Sie den wieder durch einen frischen und wiederholen Sie die Übung. Schimpfen Sie nicht, wenn der Hund den falschen bringt. Er darf ruhig Fehler machen. Denn nur dadurch lernt er, was wir wirklich von ihm wollen.

Sehr sinnvoll für diese Übung ist ein Falsch-Signal, was dem Hund sagt, dass eine gewisse Handlung eben nicht zum Erfolg führt. Das ist aber keine Strafe, also auch kein »Nein«, was kräftig gebrüllt wird, sondern nur ein ganz neutraler Hinweis. Ein gut trainiertes Falsch-Signal zusammen mit dem Klicker zum Zeigen des richtigen Weges stellen eine gute Verständigungsmöglichkeit mit dem Hund dar. Wichtig ist dabei, dass Sie das Falsch-Signal aber nicht zu oft geben müssen. Die Schwierigkeit der Übung ist richtig gewählt, wenn Sie in mehr als 70% der Fälle den Klick geben können. Wenn das Falsch-Signal öfter als in 30% der Fälle vorkommt, dann ist die Übung zu schwer. Sie sollten also noch mal einige Schritte in der Ausbildung zurückgehen.

Nach und nach werden die beiden Bierdeckel in unserer Übung immer näher zusammengelegt, bis schließlich nur noch wenige Zentimeter Abstand zwischen den Bierdeckeln ist. Wenn der Hund in neun von zehn Versuchen den richtigen Bierdeckel bringt, legen Sie einen dritten dazu. Die Anzahl der Bierdeckel können Sie nun schrittweise beliebig steigern. Der Hund wird Ihnen dann auch noch aus einem ganzen Stoß den richtigen heraussuchen.

Bis jetzt hat der Hund seinen ganz bestimmten Trainingsbierdeckel gesucht. Das war ja aber eigentlich nur dazu da, ihm schon mal eine Idee von den Spielregeln zu geben. Jetzt geht es an die eigentliche Aufgabe.

Dazu müssen Sie zunächst eine Entscheidung treffen. Sie können Ihren Hund zu einem Spezialisten für einen ganz bestimmten Geruch machen, den er dann unter allen möglichen Bedingungen herausfindet. Oder Sie können sich dazu entscheiden, dass der Hund jeweils nach dem Geruch suchen soll, den Sie ihm vorgeben. Wichtig ist, dass Sie sich wirklich ganz klar definieren, was der Hund am Ende tun soll. Denn nur dann können Sie ihn auch ganz klar zu dieser Aufgabe hinführen. Und immer wieder sollten Sie sich fragen, ob dieser Weg auch wirklich geeignet ist, dem Hund das beizubringen, was Sie letztendlich von ihm wollen.

- **Zweite Übung: Welchen Bierdeckel hatte ich in der Hand?**

Für diese Übung brauchen Sie zunächst vier Bierdeckel, oder eben auch sonstige vom Geruch her gleiche Gegenstände, für die Sie sich entschieden haben.

Zwei legen Sie möglichst mit Zange oder Plastikhandschuhen so aus, dass der Hund nicht zusehen kann. Die nächsten beiden nehmen Sie in die Hände und reiben sie einige Male gründlich darin. Behandeln Sie beide Gegenstände möglichst gleich. Einer von diesen beiden Gegenständen wird nun zu den anderen beiden neutralen gelegt. Der andere wird sozusagen Ihr Geruchsmuster für den Hund. Den zeigen Sie dem Hund, lassen ihn Geruch aufnehmen und schicken ihn dann los, den Gegenstand mit dem selben Geruch zu bringen oder auch anders anzuzeigen. Da es sich um Ihren Geruch handelt, können Sie diesen Mustergegenstand ruhig in der Hand halten. Später, wenn es an andere Gerüche geht, darf der Mustergegenstand zunächst nicht mehr mit Ihrem Geruch kontaminiert werden, bis der Hund gelernt hat, was von ihm erwartet wird.

Natürlich kann man auch ohne Muster arbeiten. Die Verwendung eines Geruchmusters hat den Vorteil, dass ich dem Hund damit die unterschiedlichsten Sachen beibringen kann.

Hat der Hund gelernt, dass er den Bierdeckel mit Ihrem Geruch anzeigt, können Sie das weiter verfeinern, indem Sie die Bierdeckel durch andere Gegenstände ersetzen, die anfangs wirklich neu sein, also nicht aus Ihrem Haushalt stammen sollten. Später können das dann auch gebrauchte Gegenstände sein und der Hund soll den anzeigen, den Sie als Letztes in der Hand hatten.

Das können Sie dann ausdehnen auf die Anzeige von Gegenständen, die andere Menschen angefasst haben. Machen Sie wieder

Tüddel sucht die Bierdeckel ab und zeigt den richtigen an, indem er sich davor hinlegt.

Julie nimmt sich den Geruch der Tüte.

Hier nimmt Sascha den Geruch der Spur auf, die sein Frauchen angelegt hat.

Suchspiele kann man schon vom Welpenalter an machen.

Anhand von unterschiedlichen Geländepunkten oder Markierungen in der Entfernung kann man sich einen exakten Punkt bestimmen, an dem man einen Winkel in die Spur einbaut *(siehe Seite 53).*

Wichtig sind zunächst Trockenübungen mit der langen Leine. Zunächst wird die Leine am Zaun befestigt, später nimmt man sich menschliche Versuchspersonen.

Damit die Leine nicht verknotet, kann man sie entwickeln wie ein Wollknäuel.

Markierungen in der Landschaft sollten für den Mensch gut sichtbar, für den Hund aber kaum wahrnehmbar sein.

Lisa bereitet Darja für die Suche vor.

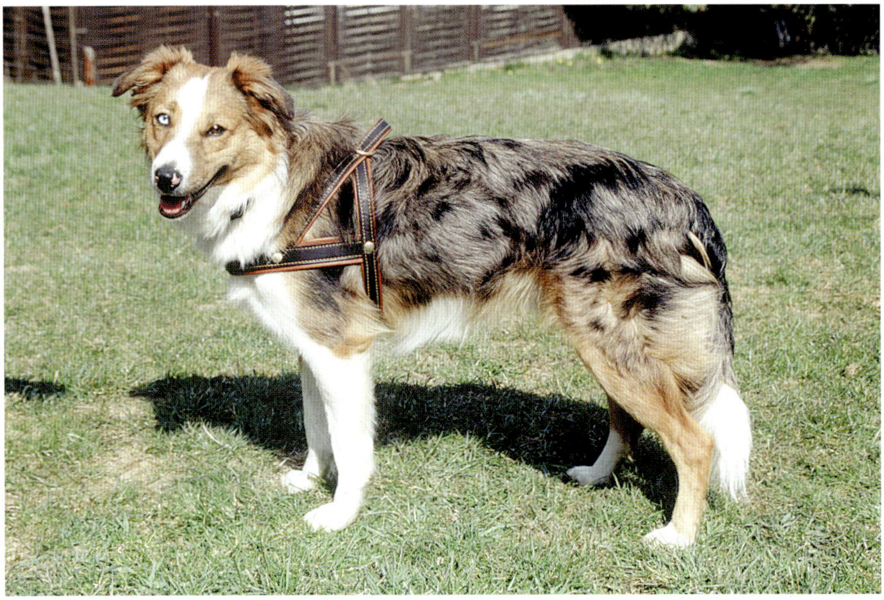

Bei der Auswahl des Suchgeschirrs muss man darauf achten, dass es den Hund nicht am Hals drückt, wenn er die Nase am Boden hat. Hier zwei verschiedene Modelle.

Der noch junge Ole wird vom »Opfer« angespornt, es anschließend zu suchen.

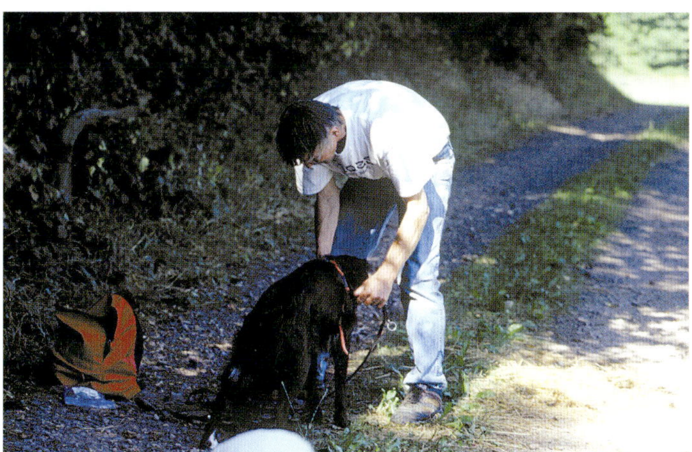

Im hohen Gras wurde ein Schlüssel verloren. Gut, wenn man einen Hund hat, der einem bei der Suche helfen kann.

denselben Anfang mit den Bierdeckeln. Nehmen Sie zwei neutrale und zwei, die von einem Bekannten - anfangs ruhig längere Zeit - angefasst wurden. Einer dieser »kontaminierten« Bierdeckel dient wieder als Muster, der andere wird zu den neutralen gelegt. Hierbei sollten Sie jetzt sehr darauf achten, dass Sie die Bierdeckel nicht auch noch mit Ihrem Geruch kontaminieren. Arbeiten Sie also wieder mit Zange oder bitten Sie die andere Person, den zu suchenden Bierdeckel auszulegen.

Hat der Hund diese Aufgabe verstanden, wählen Sie als Muster irgendetwas, was nach dieser anderen Person riecht. Das könnte auch die Person selber sein.

Diese Übung können Sie dann mit jedem Besuch wiederholen und nach und nach mit immer unterschiedlicheren Gegenständen.

Als Nächstes können Sie auch zwei Personen bitten, Gegenstände anzufassen, und dem Hund die Aufgabe stellen, zwischen den Personen zu unterscheiden. Der Fantasie sind hier kaum Grenzen gesetzt. Es macht den Hunden Spaß und Sie können sicher so manch einen Gast mit der Leistung des Hundes begeistern.

- **Dritte Übung: Was riecht hier nach Milch?**

Außer Gerüchen von unterschiedlichen Menschen können Sie Ihren Hund beliebige andere erschnüffeln lassen.

Sehr interessant sind auch solche Versuche, in denen Sie den Geruch immer weiter verdünnen, um herauszufinden, was der Hund noch entdeckt.

Nehmen wir wieder unser Bierdeckelbeispiel. Ihr Hund ist inzwischen mit dem Übungsablauf vertraut und Sie können ruhig vier, fünf oder auch sechs neutrale Bierdeckel auslegen. Für diesen Versuch werden aber auch die neutralen Bierdeckel »behandelt«: Nehmen Sie sich eine Schüssel Wasser und tauchen Sie die Bierdeckel kurz mit der Zange hinein, lassen Sie sie abtropfen und legen sie aus.

Dann nehmen Sie sich die Schüssel mit Wasser und geben von der Menge etwa ein Viertel an Milch dazu. Da tauchen Sie zwei weitere Bierdeckel ein, lassen sie genauso abtropfen, legen einen davon zu den neutralen und einen nehmen Sie als Mustergegenstand. Dann rufen Sie Ihren Hund dazu, zeigen ihm das Muster und lassen ihn die ausgelegten Bierdeckel absuchen. Sollte der Hund den falschen anzeigen, sagen Sie nicht »Nein« oder was auch immer, sondern beachten Sie ihn einfach nicht. Kommt er mit dem richtigen, wird er gelobt, als hätte er ein Weltwunder vollbracht. Wiederholen Sie diese Übung, bis der Hund in 90% der Fälle den richtigen Bierdeckel anzeigt. Die neutralen Gegenstände können Sie dabei weiter verwenden, sofern der Hund sie nicht berührt hat. Auch die Milch-Bierdeckel können weiter verwendet werden, wenn der Hund nicht über Apportieren anzeigt und sie nicht berührt hat. Sonst machen Sie diese eben neu.

Hat der Hund die Aufgabe »Suche den Milch-Bierdeckel« verstanden, werden wir jetzt daran gehen, das Milchwasser weiter zu verdünnen.

Für die nächste Übung nehmen Sie sich also wieder die Wasserschüssel - sagen wir mal mit 2 Litern Inhalt - und präparieren damit Ihre neutralen Bierdeckel.

Hatten wir eben ein Viertel der Menge an Milch dazu gegeben, war das ein halber Liter. Jetzt nehmen wir einen viertel Liter.

Wiederholen Sie den Versuch wie oben beschrieben. Wenn der Hund wieder in 90% der Fälle den richtigen Bierdeckel bringt, können Sie weiter verdünnen.

Wenn der Hund nur in 60% der Fälle den richtigen Bierdeckel bringt, dann sollten Sie noch mal einen Schritt zurück gehen. Denken Sie daran, dass der Hund am meisten durch Erfolge lernt.

Wie weit können Sie jetzt das Milchwasser verdünnen, damit Ihr Hund immer noch den richtigen kontaminierten Bierdeckel herausfindet? Sie werden sicherlich erstaunt sein!

Auch hier können Sie sich wieder überlegen, was Sie wollen. Sie können den Hund auf diese Weise zu einem Spezialisten für einen bestimmten Stoff machen, den er unter allen möglichen Bedingungen herausriechen soll. Das könnte z.B. die Milch sein. Wie sieht es aus, wenn sie gekocht ist? Zeigt der Hund einen Unterschied? Das könnte man eben zur Unterscheidung nutzen oder aber dem Hund beibringen, Milch in egal welchen Zuständen anzuzeigen, was sich z.B. für Allergiker eignen könnte. Dann muss der Hund die Milch eben auch aus anderen Gemischen herausfinden, z.B. in Pudding, in Eis, in einer Soße, usw. Zur Präsentation eignen sich in dem Fall auch gut Gläser mit Deckel, die mit Löchern versehen sind. Aber gerade die Arbeit mit etwas Essbarem setzt einen hohen Trainingsstand voraus. Denn Sie müssen sich in dem Stadium sehr sicher sein, dass der Hund wirklich die Milch anzeigt und sich nicht nur freut, weil etwas sehr Leckeres in dem Glas ist.

SPURENSUCHE

Was ich hier im Folgenden beschreibe, nenne ich Spurensuche, weil ich es ganz bewusst von der Fährtenarbeit unterscheiden möchte. Denn es ist etwas völlig anderes.

Das Fährten möchte ich hier nicht näher beschreiben, weil es erstens schon einiges an Literatur darüber gibt und weil ich zweitens denke, dass wir die Hunde beim Fährten maßlos unterfordern und damit langweilen. Übrigens fand ich es auch immer sehr langweilig, eine Fährte zu stampfen und immer wieder Leckerchen in den Fußabdrücken zu deponieren.

Vor einiger Zeit habe ich mal beobachtet, wie mein damals noch junger Hund (ich glaube, er war da höchstens 12 Wochen alt) eine Spur einer Katze verfolgte. Ich hatte vorher die Katze über die Wiese gehen gesehen. Kurz hinter einem Maulwurfshügel änderte sie ihre Richtung fast im rechten Winkel. Sie ging dann so ca. 10 Meter geradeaus, um dann scharf nach links abzudrehen und über die Mauer zu verschwinden. Als der Welpe kurz darauf in den Garten kam, lief er genau dieser Spur nach. Auch die Winkel nahm er perfekt. An der Mauer schnüffelte er kurz herum, ehe er seine Aufmerksamkeit anderen Dingen zuwandte.

Da fiel bei mir so manch ein Groschen. Die Katze hatte keine Spur gestampft, sondern sie ist ja sogar extrem leichtfüßig. Auch wurden die Winkel nie mit dem Hund trainiert. Er konnte es einfach. Deshalb meine ich, dass die Hunde beim Fährtentraining so unterfordert werden. Es werden ewig lang Dinge geübt, die ihnen eigentlich schon mit in die Wiege gelegt sind. Hier wären wir wieder bei der oben beschriebenen Strafarbeit. Eigentlich sehr langweilig.

So denke ich z.B. auch, dass die Hunde mit Winkeln nur deshalb Schwierigkeiten haben, weil sie zuerst über eine lange Zeit lernen, dass Fährten gerade sind. Wir bauen von Anfang an Winkel ein und die Hunde haben keine Probleme damit.

Eine weitere Sache, die mir beim Fährten nicht ganz so gefällt, ist, dass der Hund dabei extrem auf die Bodenverletzungen trainiert wird, denn er soll den Fußabdrücken so genau wie möglich folgen. Es sind schon Versuche beschrieben worden, dass ein Mensch eine Fährte ein Stück gelegt hat, dann wurde er mit einem Kran abgehoben. Stattdessen wurde ein Rad eingesetzt mit demselben Gewicht, an dem dieselben Schuhe befestigt waren in der Schrittlänge, die auch der Mensch gemacht hat. Die Hunde folgten dieser künstlichen Spur ohne dass ein Unterschied bemerkt wurde.

Ein anderer Versuch beschreibt zwei v-förmige Fährten, die von zwei unterschiedlichen Menschen gelegt wurden in der Art, dass die Spitzen aneinander lagen. Wurden die Hunde auf dem einen Schenkel der einen Fährte angesetzt, wechselten sie an der Spitze auf die andere Fährte über, obwohl sie damit ja eigentlich einer ganz anderen Spur folgten.

Diese Versuche bestätigten mir, wie wenig das Fährtentraining mit der Natur der Hunde zu tun hat.

Der Leser, der trotz alledem gerne und begeistert fährtet, möge mir an dieser Stelle verzeihen. Mein Widerwillen in Sachen Fährten liegt sicher auch darin begründet, wie ich es einst gelernt habe. Und wie überall gibt es solche und solche Trainer. Ich möchte hier also niemandem das Fährten vermiesen, höchstens mal zu einem kritischen Hinterfragen anregen.

Aber nun zum Spurenlegen, damit Sie sich noch mehr Ihr eigenes Bild machen können:

Das Spurenlegen

Ehe wir in die Praxis gehen, erst noch einige wichtige »Trockenübungen«, damit meine ich Übungen ohne Hund. Besonders am Anfang der Ausbildung ist es ungeheuer wichtig, dass Sie den genauen Verlauf der Spur, die Sie gelegt haben oder jemand anderes für Sie gelegt hat, kennen. Das sollte man durchaus schon vor der Arbeit mit dem Hund trainiert haben und können. Denn wenn Sie später mit dem Hund arbeiten, sollen Sie sich auf ihn konzentrieren, nicht darauf, ob Sie überhaupt noch wissen, wo die Spur verläuft.

Nehmen Sie sich für den Anfang ein Blatt Papier auf einer Schreibunterlage mit ins Gelände. Versuchen Sie die Spur so genau wie möglich aufs Papier zu bringen.

Eine Möglichkeit, mit der wir sehr gut klar kommen, werde ich Ihnen beschreiben. Das heißt aber nicht, dass Sie nicht eine bessere finden.

Wichtig sind folgende Kriterien:

- Die Spur muss eindeutig festgelegt sein, um sie damit auch unter Umständen noch zwei Tage später verfolgen zu können.
- Die verwendeten Zeichen sollten knapp, aber so deutlich sein, dass sie auch ein zweiter verstehen kann.

Als Erstes sollten Sie einen Startpunkt und eine Richtungsangabe festlegen. Das könnte durch eine bestimmte Markierung geschehen oder anhand eines im Gelände befindlichen Anhaltspunktes. Seien Sie bei solchen Dingen wie z.B. Maulwurfshügeln vorsichtig. Vielleicht hat der Maulwurf am nächsten Tag einige zusätzliche Hügel geschaufelt und Sie wissen nicht mehr, welcher es nun war.

Für die Richtung wählen Sie sich einen bestimmten Punkt in der Entfernung, auf den Sie sich gerade zu bewegen.

Möchten Sie dann einen Winkel legen, sollte auch dieser eindeutig festgelegt sein. Während Sie auf Ihrer Geraden auf das gewählte Ziel in der Entfernung zugehen, sehen Sie sich um nach zwei unterschiedlich entfernten Fixpunkten. Wenn Sie sich bewegen, werden Sie diese Punkte immer unterschiedlich wahrnehmen. Sie werden sich einander nähern, sich an einer Stelle überlappen, um sich dann wieder voneinander zu trennen. Die Stelle, an der sich die beiden gewählten Fixpunkte aus Ihrer Sicht überlappen, stellt nun wieder eine eindeutige Markierung dar. Das Beispiel auf den Fotos (siehe Seite 42) wird es deutlicher machen. Die gedachten Fixpunkte sind das linke der vier Weidezaunpfählchen und die Eiche. Je weiter man geht, desto näher kommen sich die beiden scheinbar, bis sie schließlich in genau einer Linie stehen. Und genau an dieser Stelle ist unser Winkelpunkt.

Von hier aus wählen Sie sich dann wieder einen Punkt in der Ferne, der die neue Richtung bestimmt, und damit ist Ihr Winkel genau festgelegt. Wenn Sie Ihre eigenen Spuren legen, werden Sie später das Aufschreiben gar nicht mehr brauchen, obwohl ich empfehle, es in Form eines Trainingstagebuches weiterzuführen.

Da sollte dann auch der Zeitpunkt notiert werden, wann die Spur gelegt wird, das Wetter, dann der Zeitpunkt, wann der Hund die Spur bearbeitet, wieder das Wetter, die Windrichtung, die Ergebnisse oder Schwierigkeiten. Dann kann man immer den Verlauf der Ausbildung kontrollieren.

Eine andere Möglichkeit ist die, dass Sie die Spur markieren. So hat eine unserer Kursteilnehmerinnen rote Plastikheringe zum Zelten, die sich dafür hervorragend eignen. Allerdings sollten Sie nicht einfach immer an einen Winkel einen Hering stecken. Das könnte dem Hund zu schnell eine Hilfe werden. Sie könnten die Heringe aber scheinbar wahllos an der Spur verteilen, auch in unterschiedlichen Abständen (soweit eben Ihre Arme reichen, ohne die Spur zu verlassen). Dann haben Sie sich zusätzliche Anhaltspunkte geschaffen, um sich besser zurechtzufinden. So könnte es dann z.B. 3 Schritte nach der 4. Markierung im rechten Winkel nach rechts gehen auf die von da aus 3. Markierung zu, usw.

Ein Vorteil, mit solchen Markierungen zu arbeiten, liegt darin, dass Sie sich auch Anhaltspunkte schaffen können, wo keine so eindeutigen vorhanden sind.

Ein Nachteil dieser Art der Markierung ist der, dass sie relativ orts- und/oder zeitgebunden ist.

Wenn Sie damit eine Spur 5 Kilometer von zuhause entfernt legen, können Sie sie schlecht dort über Nacht liegen lassen, weil Sie sonst unter Umständen am nächsten Tag keine Heringe mehr haben.

Für längere Spuren nehmen wir auch gerne Wäscheklammern mit Bändchen (Foto siehe Seite 45) als Markierungen. Die kann man gut an irgendwelchen Ästen festklammern und damit ähnlich einer Schnitzeljagd den Weg markieren. Wenn Sie mit farbigen Wäscheklammern arbeiten, könnten z.B. blaue bedeuten »Das ist der richtige Weg« und rote »Hier hinter geht es sofort rechts rein«, oder was auch immer man sich vorher ausdenkt.

Lassen Sie einen so markierten Weg mit diesen Erklärungen mal ein oder zwei Freunde gehen. Dann fällt am ehesten auf, wo es noch Unklarheiten gibt. Ich finde es immer erstaunlich, wie unterschiedlich wir doch unsere Umgebung wahrnehmen und wie schwierig es ist, eindeutige Absprachen zu treffen.

Das Leinentraining für den Menschen

Bevor wir jetzt mit dem Hund arbeiten, noch eine weitere wichtige Trockenübung. Ich werde die Spurensuche hier an der langen Leine beschreiben. Mir dient die lange Leine dabei zum einen zur deutlichen Unterscheidung für den Hund. So haben wir z.B. auch Rettungshunde in der Ausbildung, die in der Flächensuche ohne Leine arbeiten. Kommen die an die Leine, heißt das, dass sie jetzt nicht mit hoher Nase nach irgendeinem menschlichen Geruch suchen, sondern eben einer genau vorgegebenen Spur folgen sollen. Ist die Unterscheidung deutlich genug, auch in der Verwendung der Kommandos und im Trainingsaufbau, kann der Hund durchaus auch solche unterschiedlichen Sucharten lernen. Das hängt aber auch vom Hund ab, von der Eindeutigkeit des Hundeführers und der Zeit, die für das Training zur Verfügung steht. Manche Ausbilder sagen dann, man solle zunächst mit der genaueren Arbeit, also dem Fährten oder der Spurensuche beginnen, um dann erst die Flächensuche zu trainieren. Andere sagen es wieder genau anders herum. Ich denke, es sollte jeder Ausbilder lernen, ein Gespür zu entwickeln, welchen Hund und welchen Hundeführer er da vor sich hat, um das jeweils Richtige für das bestimmte Team herauszufinden. Und jeder Ausbilder sollte auch flexibel genug sein, mal etwas anderes auszuprobieren, sofern es mit den Gesetzen des Lernens übereinstimmt, um möglichst viele Möglichkeiten kennen zu lernen.

Ein weiterer Vorteil der langen Leine ist der, dass damit auch zum Wildern neigende Hunde diese Art der Übung gut machen können. Man braucht keine Angst zu haben, dass der Hund einem wegläuft. Und gerade die Spurensuche dient mir oft als ein Teil der Therapie bei einem jagenden Hund, weil sie für ihn eine gute Alternative bietet. Wenn sie auf der Spur sind, vergessen die Hunde nach einigem Training ihre jagdlichen Vorlieben.

Die lange Leine kann außerdem ein sehr wichtiger Hinweis beim Lesen des Hundes sein, wenn es also darum geht, zu erkennen, was der Hund gerade signalisiert. So sollte die Leine z.B. immer leicht auf Spannung gehalten werden. Für die Reiter unter Ihnen ist das wohl am deutlichsten zu erklären mit den angestellten Zügeln am Pferd. So wie über die Zügel eine feine Verbindung zum

Pferdemaul geschaffen werden soll, stellt die Leine eine so feine Verbindung zum Hund dar. Zögert der Hund jetzt - aus was für Gründen auch immer - nehmen wir das am Ende der Leine sofort wahr. Die Leine wird also zum »heißen Draht« zum Hund.

Dazu ist aber auch ein entsprechend sensibles Führen der Leine die Voraussetzung. So sollte die Spannung der Leine immer gleich sein, auch wenn der Hund die Richtung oder das Tempo ändert.

Und damit kommen wir auch endlich zu unserer Trockenübung. Schnallen Sie die Leine an einem festen Punkt, z.B. einem Zaun, an und trainieren Sie zunächst einmal das Aufnehmen und das Nachgeben der Leine, so dass die Spannung möglichst gleich bleibt. Sie werden merken, dass das gar nicht so einfach ist.

Da die Leine ja jetzt an einem Punkt fest ist, müssen Sie sich dazu vor- und zurück bewegen. Beim Nachgeben der Leine können Sie sie einfach durch Ihre Hände rutschen lassen. Dafür ist es wichtig, dass Sie mit Handschuhen arbeiten, um sich nicht zu verletzen. Das würde ich Ihnen überhaupt immer bei der Arbeit mit langer Leine empfehlen. Sie können die Leine aber auch Stück für Stück nachgeben. Probieren Sie, was Ihnen leichter fällt und wie Sie die Spannung besser gleich halten können.

Markieren Sie sich die Leine kurz vor dem Ende z.B. mit einem Knoten. Dann wissen Sie ohne hinzusehen immer, dass ab da kein weiteres Nachgeben mehr möglich ist, weil Sie sonst die Leine verlieren.

Beim Aufnehmen der Leine müssen Sie Stück für Stück vorgehen. Je nachdem, wie weit Sie Ihre Hände dabei auseinander nehmen, können Sie das Tempo variieren. Versuchen Sie auch ganz schnell die Leine aufzunehmen. Das ist wichtig, wenn der Hund plötzlich stehen bleibt. Wenn Sie mit der befestigten Leine die Spannung einigermaßen halten können, nehmen Sie sich einen Mensch als Hundersatz und üben Sie das mit ihm. Er hält die Leine und gibt Ihnen beim Gehen ein Feedback, wie sich das anfühlt. Ist die Spannung gleich oder gibt es mehr oder weniger große Schwankungen? Nach einiger Zeit kann Ihr »Hund« jetzt auch mal deutlich seine Geschwindigkeit abwechseln, um Sie immer mehr herauszufordern.

Diese Übung ist besonders wichtig für sensible Hunde oder solche, die über Leinenruck ausgebildet wurden. Auch Hunde die immer an lockerer Leine ausgebildet wurden und so gelernt haben, dass eine Leine nicht zum Ziehen ist, brauchen diese Vorbereitung. Die könnte nämlich ein unbeabsichtigtes Rucken an der Leine von der Spur und damit vielleicht vom Arbeiten überhaupt abbringen. Deshalb lege ich so viel Wert darauf, dass der Umgang mit der Leine vorher geübt wird.

Vielleicht ist jemand beim Lesen dieser Übung schon auf die Idee gekommen, eine Ausziehleine zu verwenden. Da geht das Auf- und Abwickeln von alleine und man braucht nicht erst lange zu trainieren. Nehmen Sie ruhig mal mit Ihrem menschlichen Hund beide Leinen im Vergleich. Ich denke, Sie werden merken, dass Sie mit der Ausziehleine viel weniger Gefühl haben.

Ein weiterer Punkt, der die Ausziehleine für unsere Zwecke unbrauchbar macht, wird in der nächsten Übung deutlich.

Anders als beim Fährten muss der Hund bei der Spurensuche nicht genau der Spur, die die Füße gegangen sind, folgen, sondern der Geruchsspur. Die Geruchsspur kann sich aber auch durchaus einige Meter neben der gegangenen Spur entfernt befinden. Wurde die Spur nun auf einem Waldweg gelegt, kann es sein, dass der Hund parallel zum Weg schon hinter den ersten Bäumen läuft. In der Situation kann man dann entweder dem Hund hinterherlaufen, was uns zweibeinigen Menschen aber nicht ganz so leicht fällt, oder man lässt eben die Leine kurzfristig los, um sie hinter dem Baum oder sonstigen Hindernis wieder aufzunehmen. Auch das sollten Sie zunächst mit Ihrem zweibeinigen »Hund« üben.

Achten Sie darauf, dass die Leine knotenfrei ausgelegt ist.

Das nächste, was im Zusammenhang mit der Leine noch wichtig ist, ist das Aufwickeln. Die meisten Menschen wickeln die langen Leinen über Hand und Ellbogen auf. Das Ergebnis sind lauter nebeneinander gelegte Schlaufen, die sich nur zu gerne beim Auslegen verheddern. Achten Sie also darauf, dass die Leine schon knotenfrei ausgelegt ist, bevor der Hund mit der Suche beginnt, nicht dass Sie ihn wieder durcheinander bringen.

Eine weitere schöne Möglichkeit, die Leine aufzuwickeln ist die, wie es die Hausfrauen oft beim Stricken machen. Sie wickeln die Wolle dazu zuerst zu einem festen runden Knäuel. Da kann dann keine Wolle mehr verknoten und sie rollt bis zum Ende schön ab. Das kann man durchaus auch mit der langen Leine machen. Dann ist das Auslegen gar kein Problem mehr. Allerdings können Sie so keine nasse Leine aufwickeln, weil sie dann nicht trocknen kann. Versuchen Sie es einfach und entscheiden Sie, womit Sie am besten zurecht kommen.

Zur Leine selbst: Es gibt viele unterschiedlich lange Leinen, von unterschiedlichen Längen, Dicken und Materialien. Für die Länge gilt, dass Sie ruhig mit einer 5-Meter-Leine anfangen können. Dabei bleibt die Anzahl der Meter, die man im Griff haben muss, überschaubar. Später kann der Hund aber ruhig noch weiter weg arbeiten.

Die Dicke der Leine sollte zum Hund passen. Generell kann man wohl sagen, je größer der Durchmesser, desto angenehmer liegt die Leine in der Hand. Allerdings wird die Leine dadurch aber auch deutlich schwerer und für den Hund eine unnötige Belastung. So sollte der Leinendurchmesser bei mittelgroßen Hunden (Border Collie, Cocker Spaniel, etc.) 5-6 Millimeter nicht überschreiten. Bei großen Hunden kann die Leine auch schon mal 8 Millimeter Durchmesser haben.

Diese Durchmesser-Angaben beziehen sich jetzt auf Nylon-Leinen, die ja oft rund sind. Für Leder-Leinen gilt das entsprechende in der Breite. Damit wären wir beim Material. Es gibt zum einen die Nylon-Leinen, die sehr pflegeleicht sind. Ihr Nachteil ist, dass sie

Die Dicke der Leine sollte zum Hund passen.

leicht in die Haut einschneiden, weshalb das Tragen von Handschuhen empfehlenswert ist.

Bei Leder-Leinen gibt es beträchtliche Qualitätsunterschiede. Richtig gutes weiches Leder liegt herrlich in der Hand, selbst bei nassem Wetter. Die Leinen haben allerdings auch ihren Preis. Für den Anfang tut es auch eine selbstgemachte Leine aus einem Seil vom Baumarkt, an dem man einen Karabiner befestigt. Wenn Sie dann richtig Spaß an dieser Arbeit mit dem Hund bekommen, lohnt sich dann eine teuere Anschaffung auch eher.

Spurensuche ohne Leine

Man kann dem Hund natürlich auch beibringen, ohne Leine einer Spur zu folgen. Dazu muss er den gewünschten Arbeitsabstand lernen. Es kann nämlich nicht sein, dass der Hund ohne seinen Menschen losläuft, weil der ihn ja dann nicht mehr lesen kann.

Wenn man die Spurensuche nicht durch die Leine von einer anderen Art der Suche unterscheiden muss, ist das - je

Es kann nicht sein, dass der Hund ohne seinen Menschen losläuft.

nach Hund - eine Alternative, die besonders im Wald ihre Vorteile hat, falls der Hund nicht zum Wildern neigt.

Allerdings fehlt dann dieser »heiße Draht« zum Hund, über den schon sehr viel Information ausgetauscht wird.

Leinentraining für den Hund

Nachdem Sie gelernt haben, mit der langen Leine umzugehen, sollten Sie auch Ihren Hund allmählich daran gewöhnen. Für den Hund gehört zur langen Leine noch das Suchgeschirr. Wie oben schon beschrieben, sollte die Leine während der Suche leicht auf Spannung sein. Deswegen wird die Leine nie am Halsband befestigt. Schließlich sollte der Hund schon gelernt haben, dass die Leine am Halsband immer locker bleiben sollte. Und diese Tatsache ist viel zu wichtig, als dass wir Ausnahmen zulassen sollten.

Bei der Wahl des Brustgeschirres muss man darauf achten, dass es zum einen gut passt. Es gibt Geschirre, die sind nur am Bauchgurt zu verstellen. Wenn der Halsbereich dann auf Anhieb passt, hat man Glück. Besser sind eigentlich solche Geschirre, die im Bauch- und im Halsbereich zu verstellen sind.

Dann sollte es an keiner Stelle scheuern. Die Gefahr besteht z.B. da, wo die Schnallen direkt auf dem Fell liegen. Bei guten Geschirren sind die Schnallen unterlegt.

Das Material sollte schön weich oder gepolstert sein. Schließlich sollte es dem Hund angenehm sein, das Geschirr zu tragen, damit er Spaß an der Arbeit hat und nicht durch ein zwickendes und kneifendes Geschirr schon genervt wird.

Von der Funktion des Geschirres muss man beachten, dass es den Hund bei der Sucharbeit nicht stört. So sollte er ungehindert den Kopf herunternehmen können, ohne dass ihm dann ein Brustgurt auf den unteren Halsbereich drückt. Probieren Sie es an sich aus: Solange Sie auf Ihr Brustbein drücken, können Sie das relativ feste tun, bevor es unangenehm wird. Rutschen Sie aber nur einige Zentimeter höher, wird es direkt sehr unangenehm, wenn Sie etwas fester drücken. Den Hunden sollte also auch mit der Nase am Boden nichts in den Halsbereich drücken.

Haben Sie ein passendes Geschirr gefunden, sollte der Hund zunächst einmal die Gelegenheit bekommen, sich daran zu gewöhnen. Die meisten Hunde haben zwar keine Probleme damit, aber es fühlt sich ja schon etwas anders an, als das bisher Gewohnte. Lassen Sie den Hund das Geschirr also einige Zeit tragen, bis er es nicht mehr besonders beachtet. Von da ab sollte der Hund das Geschirr nur noch zum Suchen angezogen bekommen. Das Geschirr wird so zu einem wichtigen Zeichen für den Hund, was jetzt von ihm erwartet wird.

Bei Hunden, die sowieso schon mit Geschirr geführt werden, kann man die lange Leine dann entweder direkt daran befestigen. Dann ist eben nur noch die lange Leine das Zeichen zum Suchen und nicht mehr das Geschirr. Haben die Hunde aber auch gelernt, am Geschirr nicht zu ziehen, sollten sie für die Suche ein anderes Geschirr tragen, das sich deutlich vom Alltagsgeschirr unterscheidet.

Die Sache mit der Tüte

Eine Möglichkeit, wie wir dem Hund den Duft präsentieren wollen, den er suchen soll, ist, dass wir einen Geruchspartikel in eine Plastiktüte (am besten mit Zipp-Verschluss) deponieren. Der Hund soll später seine Nase da hinein stecken, den Geruch aufnehmen und die Spur, die dazu gehört, suchen.

Das Verwenden einer Tüte hat den Vorteil, dass der Geruch darin sagen wir mal konserviert wird. Die Tüte selber kann auch von unterschiedlichen Leuten angefasst werden, der Geruch in der Tüte bleibt derselbe. Damit kann ich einen Geruchsgegenstand auch transportieren. Das ist für das Arbeiten an der eigenen Spur noch nicht so wichtig. Da kann ich den Gegenstand auch einfach in die Tasche stecken. Spätestens aber wenn die Arbeit an einer fremden Spur beginnt, ist es wichtig, dem Hund einen möglichst unverfälschten Anfangsduft zu geben. Außerdem kann man in der Tüte auch sehr geringe Duftmengen aufbewahren, wie sie z.B. an einem Ring vorhanden sind. Aber dazu kommen wir später.

Zunächst muss der Hund erst einmal lernen, seine Nase in die Tüte zu stecken. Das sollten Sie auch vorher schon trainiert haben, bevor Sie dem Hund bei der ersten Suche die Tüte über die Nase stülpen und er denkt, sie wollten ihm was Böses tun. Das ist kein sehr guter Start für eine Suche.

Nehmen Sie sich also eine Tüte, legen Sie 2-3 Leckerchen hinein und lassen Sie den Hund sich die Leckerchen herausnehmen. Jetzt

Jetzt sehen Sie schnell das Naturell Ihres Hundes.

sehen Sie schnell das Naturell Ihres Hundes. Es gibt nämlich welche, die tauchen sofort und ohne Probleme in die Tüte ein. Für die hätte man diese Übung auch gar nicht machen müssen. Es gibt aber auch viele Hunde, die extrem zurückhaltend sind in diesem Augenblick. Und für die ist es wichtig, dass sie die Tüte zunächst mal mit etwas Angenehmen wie Leckerchen oder Spielzeug verknüpfen. Üben Sie das an mehreren Tagen so lange, bis der Hund seine Nase ohne Probleme in die Tüte steckt.

Für ihn hätte man diese Übung gar nicht machen müssen.

Es wird dem Hund auf keinen Fall die Plastiktüte mit Gewalt übergestülpt.

Arbeiten mit der eigenen Spur

So, die Vorübungen wurden alle gemacht. Nun geht es also los. Gewöhnen Sie sich vielleicht an, einen Rucksack zu packen mit all den Dingen, die Sie für die Spurensuche benötigen. Damit wird der Hund schon zu Hause auf die bevorstehende Aufgabe vorbereitet. Sie werden bald merken, wie sehr er sich schon freut, wenn Sie den Rucksack packen. Hier noch mal eine Auflistung, an was Sie alles denken sollten:

- Suchgeschirr
- Lange Leine
- Wasser, das Sie dem Hund vor jeder Suche anbieten sollten, bei langen Spuren eventuell auch zwischendurch
- Schreibzeug mit Schreibunterlage
- Stift, Bleistifte schreiben bei jedem Wetter, Kugelschreiber versagen bei nassem Wetter ihre Dienste
- Unterschiedliche Geruchsgegenstände zum Anzeigen, wie z.B. Handschuh, Socke, Stofftuch, Lederstück, Kappe usw., alle mit Ihrem Geruch
- Eventuell Plastiktüten mit Zipp-Verschluss
- Markierungsgegenstände, wie Wäscheklammern oder Heringe
- Belohnung für den Hund (Spielzeug oder Leckerchen)

Mit den Dingen, die für das Spurenlegen so wichtig sind, haben wir uns zum großen Teil schon weiter oben beschäftigt. Ich setze hier jetzt auch voraus, dass Sie das schon geübt haben, dass also das Legen einer Spur und das eindeutige Wiederfinden für Sie kein Problem mehr ist. Wir fangen ja jetzt auch mit ganz einfachen Spuren an und Sie werden merken, dass Sie immer geübter darin werden.

Beim Legen der ersten Spur für den Hund sollte er zusehen. Legen Sie diese erste Spur auf einer Wiese. Markieren Sie sich den Abgang. Das kann z.B. schon durch einen Geruchsgegenstand geschehen, an dem der Hund dann später die Spur aufnehmen soll. Das muss aber nicht sein. Wichtig ist nur, dass Sie genau wissen, wo die Spur losgeht.

Dann gehen Sie zwanzig bis dreißig Schritte auf einen bestimmten Punkt in der Ferne zu. Ab ca. 15 Schritten fangen Sie an, nach einer geeigneten Markierung für den Winkel zu sehen. Dort wo sich zwei unterschiedlich entfernte Gegenstände überlappen, gehen Sie einen in etwa rechten Winkel nach rechts. Das »in etwa« richtet sich nach Ihrem neuen Zielpunkt. Wenn eben genau im rechten Winkel kein geeignetes Ziel ist, kann der Winkel ruhig etwas stumpfer oder spitzer sein.

Während Sie gehen, tun Sie so, als ob Sie die aus der Suchübung schon bekannte Leckerchendose oder das Spielzeug auf den Boden legen. Wirklich hinlegen tun Sie die Belohnung aber erst am Schluss Ihrer Spur und dann so, dass der Hund sie nicht schon von weitem sieht. Der zweite Winkel Ihrer Spur kann auch ruhig 20 Schritte lang sein.

Durch dieses Vorgehen weiß der Hund jetzt schon, dass er suchen soll. Denn so ähnlich kennt er diese Übung ja schon. Allerdings ist jetzt durch Ihre Spur eine deutliche Hilfe für den Hund da. Er braucht gar nicht großartig zu suchen, sondern nur Ihre Spur abzugehen. Um das auch wirklich sicherzustellen sollte der Wind anfangs von hinten kommen (siehe Zeichnung), damit er nicht schon vom Startpunkt aus den zu suchenden Gegenstand riecht und sofort hinlaufen will.

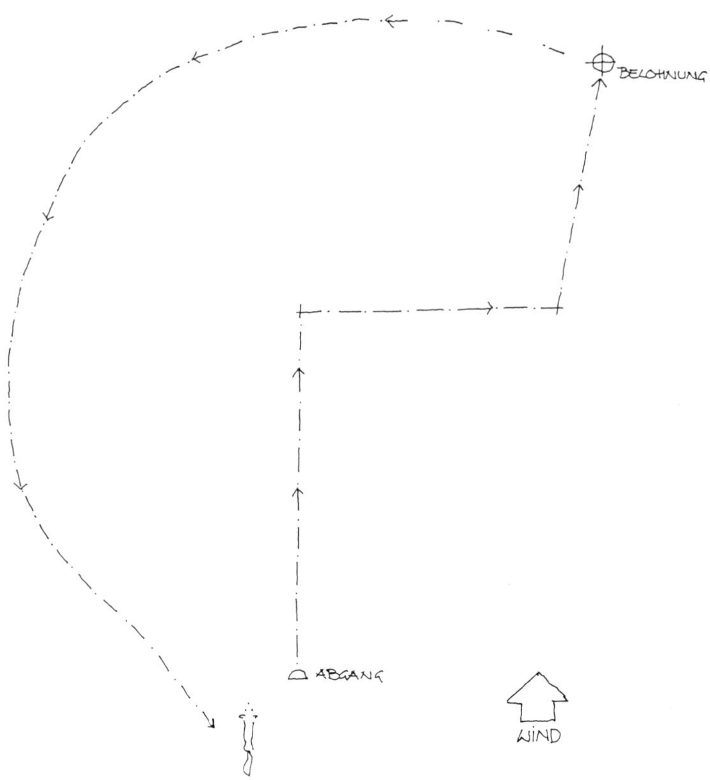

Am Ende der Spur machen Sie einige extra große Schritte und gehen im großen Bogen zurück. Gehen Sie auf keinen Fall die selbe Spur zurück.

So wie die Übung bis jetzt ist, ist sie für den Hund also relativ einfach, sofern er vorher schon gelernt hat, die Gegenstände in der Wohnung zu suchen. Der Lernschritt, den wir jetzt einbauen, ist die Sache mit der Tüte. Dafür sollten Sie möglichst den gleichen Gegenstand, den Sie ausgelegt haben, auch in der Tüte haben, also das gleiche Spielzeug oder die gleiche Dose gefüllt mit den gleichen Leckerchen.

Beide Spielzeuge oder Dosen sollten Sie in etwa gleich lang in den Händen gehabt haben, damit sie gut nach Ihnen riechen. Anfangs nehme ich deshalb gern zwei gleiche Gegenstände, weil der Hund ja noch nicht weiß, auf was es ankommt. Außer unserem Geruch haben die Dinge ja auch alle noch einen Eigengeruch. Mit der Zeit soll der Hund lernen, dass es darauf nicht ankommt, sondern nur auf den Geruch des Menschen. Später werden daher die Gegenstände durchaus unterschiedlich sein. Anfangs wollen wir es dem Hund aber schön einfach machen.

Führen Sie nun den Hund bis etwa einen Meter vor den Start der Spur. An dieser Stelle ziehen Sie ihm das Suchgeschirr und die lange Leine an. Die lange Leine wird möglichst knotenfrei ausgelegt. Achten Sie bitte auch darauf, dass sich keiner darauf stellt, weder Sie noch der Hund, noch irgendwelche Zuschauer.

Jetzt nehmen Sie die Tüte, öffnen sie und lassen den Hund an dem Gegenstand im Inneren riechen. Das braucht im Prinzip nur einen Atemzug lang zu sein. Das Einatmen ist dabei wichtig, denn dabei wird gerochen.

Eine andere Möglichkeit ist die, dass Sie den ersten Geruchsgegenstand an den Anfang der Spur legen und der Hund daran den Geruch aufnimmt. Auch das sollte der Hund lernen. Wir werden das später in der Ausbildung auch einbauen. Denn durch dieses Variieren kann ich dem Hund die Übung wieder spannender machen und Sie sind später flexibler in den möglichen Einsatzbereichen.

Teilweise lassen Sie den Hund also am ersten Geruchsgegenstand die Spur aufnehmen, teilweise reichen Sie ihm den Geruchsgegenstand in der Plastiktüte. Es sollte nur immer eindeutig sein. Beginnen Sie am besten mit einer Möglichkeit, bis Sie selber vertraut mit dem Übungsablauf sind und denken Sie dann daran, zu variieren.

Ich beschreibe hier das Vorgehen mit der Plastiktüte. Auf diese Art und Weise kann ich auch dem Hund besser helfen für den Fall, dass er kein Interesse an dem Geruchsgegenstand zeigt. Mit der Plastiktüte kann ich ihn nämlich sozusagen »zwingen«, sich den Duft zu holen, indem ich sie ihm für einen Atemzug überstülpe. Bitte verstehen Sie das jetzt nicht falsch! Es wird dem Hund auf keinen Fall mit Gewalt die Plastiktüte übergestülpt! Durch die Vorübungen hat der Hund gelernt, dass die Plastiktüte toll ist und er steckt seine Nase freiwillig hinein. Automatisch bekommt er dann bei einem Atemzug den darin befindlichen Geruch mit.

Wenn der Hund den Geruch an einem am Boden liegenden Geruchsgegenstand aufnehmen soll, kann es sein, dass zufällig genau an der Stelle ein interessanter Geruch eines Hasen oder einer läufigen Hündin oder was auch immer ist. Ich kann dann nicht so mit Sicherheit sagen, was der Hund nun gerochen hat, besonders, wenn er - was anfangs oft der Fall ist - noch kein Interesse an dem Geruchsgegenstand zeigt.

In dem Moment, wenn der Hund die Nase noch in der Tüte hat, geben Sie das Such-Kommando. Und nur in diesem Moment sollten Sie es geben. Später nicht mehr. Dieses Kommando soll dem Hund nämlich sagen, dass er genau das suchen soll, was er in dem Moment in der Nase hat. Wenn Sie das Kommando später noch einige Male wiederholen, wissen Sie nicht mehr, was der Hund dann in dem Moment in

der Nase hat. Vielleicht schnüffelt er gerade an der Spur eines anderen Hundes, der einige Zeit vorher durch die Gegend kam oder was auch immer. Wenn er in dem Moment Ihr Such-Kommando bekommt, bringen Sie ihn von der ursprünglichen Suche ab. Sie setzen den Hund dann unbewusst auf eine neue Spur an und sind dann später überrascht oder enttäuscht, wenn er der anfangs vorgegebenen Spur nicht folgt. Dabei haben Sie es ihm genauso gesagt! Das ist das Schwierige an der Arbeit mit dem Geruch. Wir riechen nicht, was der Hund riecht. Daher müssen wir sehr Acht geben, keine Fehler zu machen.

Der Hund sollte durch die Vorübung in der Wohnung schon wissen, was jetzt von ihm erwartet wird, auch ohne die Tüte. Dennoch werden wir ab jetzt vorläufig immer die Tüte mit dem Geruchsgegenstand der Suche voranstellen, damit sich der Hund an den Ablauf gewöhnt und er später nichts neues mehr für ihn ist, wenn wir mit Fremdgerüchen arbeiten.

Wenn der Hund schön auf der Spur losläuft, geben Sie ihm Leine und folgen Sie ihm. Wird er zu schnell, halten Sie ihn einfach zurück. Das ist für den Anfang wichtig, hauptsächlich damit Sie sich gut auf der Spur zurechtfinden. Denken Sie daran, Handschuhe zu tragen. Lassen Sie den Hund seine Arbeit machen, ohne sich einzumischen. Sie wissen nicht, wo sich der Geruch befindet. Wenn er über den Winkel hinausläuft, lassen Sie ihn auch alleine wieder auf die Spur finden. Versuchen Sie ihm möglichst nicht zu helfen, auch nicht unbewusst über Ihre Körperhaltung. Sonst könnte der Hund denken, Sie hätten die bessere Nase, und er wird sich im Zweifelsfalle auf Sie verlassen. Das soll aber nicht sein.

Mit »Wo ist es?« können Sie ihn weiter zur Suche aufmuntern. Denn ein erneutes »Such« sollten Sie ja möglichst vermeiden. Seien Sie jedoch in allem was Sie sagen sehr sparsam. Die Erfahrung zeigt, dass unser Gerede die Hunde eher von der Arbeit ablenkt, als dass es ihnen hilft. Ein »Such« am Anfang, eventuell ein oder zwei »Wo ist es?« zwischendurch, das sollte alles sein, was bei der Suche über Ihre Lippen kommt. Sie können anschließend reden!

Die meisten Hund fangen an zu kreisen, wenn sie die Spur verloren haben. Das ist in Ordnung so. Denn auf diese Weise finden sie am schnellsten wieder zurück und können dann dem Geruch weiter folgen. Dafür sollte die Leine lang genug sein. Und dabei kommt Ihnen die Vorübung mit dem zweibeinigen Hund an der langen Leine zu Hilfe. Sie sollten nämlich darauf achten, dass die Leine

möglichst immer die gleiche Spannung hat, auch, wenn der Hund plötzlich stehen bleibt oder die Richtung ändert.

Hat der Hund den Gegenstand am Ende gefunden, loben Sie ihn überschwänglich! Entweder bekommt er jetzt seine Leckerchen oder aber ein schönes Spiel. Wichtiger ist aber noch, dass Sie ihm zeigen können, wie toll Sie ihn finden. Ein stolzer Blick reicht da nicht aus. Sie sollten schon aus sich herausgehen und Ihre Freude wirklich zum Ausdruck bringen! Das fällt den meisten Menschen oft schwer. Es lohnt sich aber zu üben. Lassen Sie sich beim Loben einfach mal filmen und beobachten Sie anschließend aus Sicht des Hundes, ob Sie das, was Sie da auf dem Video sehen, beeindrucken würde. Oft sieht es sehr langweilig aus! Wenn der Hund von Ihnen so ausgiebig gelobt wird, dass er vor Stolz einen Zentimeter wächst, dann haben Sie richtig belohnt. Dabei spielt auch weniger das Leckerchen oder das Spielzeug eine Rolle, als dass, was Sie dem Hund von Ihrer Einstellung ihm gegenüber vermitteln können.

Was tun Sie, wenn der Hund nicht sucht?

Hat er gar kein Interesse oder ist er zu sehr abgelenkt? Wenn er satt ist, hat er vielleicht nicht viel Interesse, die Leckerchendose zu finden. Lassen Sie ihn vor dem Füttern suchen. Sie können ihn sogar sein Futter suchen lassen und wenn er es nicht findet, geht er eben leer aus, und Sie versuchen es einige Zeit später noch einmal.

Hat er die Aufgabe in der Wohnung verstanden? Weiß er überhaupt, dass er suchen soll? Man kann diese Spurensuche durchaus schon beginnen, wenn man die Vorübung in der Wohnung noch nicht gemacht hat. Dafür ist es dann aber wichtig, dass Sie den Hund gut motivieren können. Wenn das nicht der Fall ist, setzen Sie doch die Suchspielchen in der Wohnung der Spurensuche voran.

Ich bin überzeugt, dass das Erschnüffeln der Spur selbstbelohnend ist. Hat der Hund einmal verstanden, worum es geht, wird er aus eigenem Interesse der Spur folgen.

Nach dieser ersten erfolgreich verfolgten Spur kommt die nächste, die im Prinzip ähnlich sein soll, außer dass der Winkel diesmal in die andere Richtung geht. Jetzt können wir dem Hund immer neue Herausforderungen stellen und damit das Suchen immer spannender machen. Drei Dinge sollten Sie nun im Laufe der Zeit variieren. Das sind die Länge der Strecke, die Anzahl der Winkel und die Untergründe.

Üben Sie - zumindest am Anfang - zwei- bis dreimal pro Woche und dann jeweils ca. zwei bis drei Spuren. Die Anzahl der Spuren, die Sie in einer Übungseinheit legen sollten, richtet sich natürlich nach den Sucheigenschaften Ihres Hundes. Anfangs hat es sich jedoch bewährt, lieber häufiger etwas kürzere Strecken suchen zu lassen, damit der Hund das Prinzip versteht. Dann hat er auch häufiger die Belohnung am Ende und wir können seine Motivation besser steigern. Später braucht man dann nicht mehr so oft in der Woche zu üben. Dann weiß der Hund auch nach drei Wochen zum Beispiel noch, was er machen soll. Aber am Trainingsanfang würde man nach einer so langen Pause immer wieder von vorne anfangen, was letztendlich für Mensch und Hund nur Frust bedeuten würde.

Wenn ich hier von kürzeren Strecken am Anfang spreche, können Sie diese aber durchaus sehr zügig von 40 auf 60 und bei jeder neuen Suche um weitere 20 Schritte verlängern. Notieren Sie sich die Länge der jeweiligen Strecke in Ihrem Trainingsbuch, damit Sie immer wissen, wo Sie dran waren.

Bei den Winkeln sollten Sie darauf achten, dass Sie die Reihenfolge der Richtungen ständig ändern. Wenn also erst ein Winkel nach rechts von einem linken Winkel gefolgt wird, dann beim nächsten Mal anders herum. Oder gehen Sie auch mal zwei Winkel hintereinander nach rechts oder nach links. Seien Sie variabel. Das fällt uns Menschen naturgemäß gar nicht so leicht. Umso leichter fällt es den Hunden, unsere ständig wiederholenden Schemata zu durchschauen.

Was Sie auch ständig ändern sollten ist die Länge der einzelnen Schenkel. Gehen Sie also nicht immer nach 20 Schritten einen Winkel, sondern auch mal nach 5, mal nach 40 und so weiter.

Unterschiedliche Untergründe sollten Sie recht früh mit in die Spur einbauen, damit sich der Hund gar nicht so sehr an ein bestimmtes Geruchsbild gewöhnt. Denn auch die Untergründe riechen für den Hund natürlich unterschiedlich. Das ist sogar etwas, was wir mit unserer Nase nachvollziehen können. Versuchen Sie es mal! Riechen Sie am Grasboden, an frisch gepflügtem Acker oder am Teer! Diesen starken Eigengeruch der Untergründe muss der Hund sozusagen aus seinem Geruchsbild ausblenden und sich nur auf den Geruch der menschlichen Spur konzentrieren. Dafür ist es eben wichtig, dass die Untergründe im Training auch häufig wechseln.

Es fällt dem Hund sehr leicht, unsere Schemata zu durchschauen.

Fangen Sie zum Beispiel damit an, dass Sie eine Teerstraße überqueren. In der nächsten Spur folgen Sie der Teerstraße ein Stückchen. Ist es nicht faszinierend, was die Hunde alles können? Und das auch ohne irgendwelche deutlichen Bodenverletzungen!

Schreiben Sie genau den Verlauf der Spur, die unterschiedlichen Bodenbeläge, das Wetter, die Windrichtung und sonstige Besonderheiten auf.

Sollte der Hund je in einer Situation Schwierigkeiten haben, können Sie dann am ehesten herausfinden, woran es liegt.

Weitere Herausforderungen in der Spurensuche

Gegenstände anzeigen

Sich auf einer Spur Gegenstände anzeigen zu lassen, bringt eine schöne Abwechslung. Beginnen Sie das mit einer deutlich kürzeren Spur, als der Hund es eigentlich schon kann. Die Gegenstände müssen denselben Geruch tragen, wie der Geruchsstoff, den der Hund zu Anfang der Spurensuche zu schnüffeln bekommt.

Es gibt verschiedene Möglichkeiten dem Hund zu erklären, was wir von ihm wollen. Diese unterschiedlichen Möglichkeiten sind weiter oben unter dem Kapitel »Anzeige« schon erklärt. Sollte der Hund an einem Gegenstand vorbei laufen, schimpfen Sie nicht, zerren Sie ihn auch nicht hin, sondern gehen Sie einfach zu dem Gegenstand und sagen in etwa: »Guck mal, was ich hier gefunden habe! Hast du das übersehen?« Der Hund versteht zwar die Worte nicht, aber er sollte in Ihrem Tonfall verstehen, dass Sie ihn etwas bedauern, dass er diese Chance verpasst hat. Ein auch nur etwas ehrgeiziger Hund wird sich das nicht oft sagen lassen und sich das nächste Mal viel mehr Mühe geben.

Wer unter allen Umständen sehr viel Wert auf das Anzeigen von Gegenständen legt, sollte sich lieber mit dem Fährten befassen, wobei der Hund eben auf die Bodenverletzungen trainiert wird. Bei unserer Art der Spurensuche kann es nämlich je nach Wind und Untergrund sein, dass der Geruch nicht auf der gegangenen Spur liegt. Dann ist es für den Hund natürlich auch schwierig, wenn nicht gar unmöglich, Gegenstände anzuzeigen, die in einem großen Abstand von da liegen, wo er nun tatsächlich sucht.

Arbeiten mit einer fremden Spur

Alles das, was bisher zur Spurensuche beschrieben ist, können Sie mit Ihrem Hund auch mit einer fremden Spur trainieren. Sie müssen sich dazu eine Hilfsperson organisieren. Optimal ist es natürlich, wenn das jemand ist, der auch mit seinem Hund die Spurensuche trainiert und von daher weiß, worauf es dabei ankommt. Dann können Sie sich sehr gut gegenseitig Spuren legen. Aber auch jede andere Hilfsperson können Sie anleiten. Anfangs können Sie dabei sein, wenn die fremde Spur gelegt wird, allerdings ohne mitzulaufen. Dann können Sie jedoch ein geeignetes System besprechen, wie Sie sich über die gewählte Richtung verständigen wollen. Es empfiehlt sich, dass Sie Ihre Hilfsperson anlernen, nach Ihrem System die Spur zu beschreiben.

Dann brauchen Sie Geruchsgegenstände dieser Hilfsperson. Das sollten der Einfachheit halber wirklich Gegenstände dieser Person sein und nicht etwas, was er erst kurz in der Hand hatte. Fangen Sie die Spuren zunächst wieder einfach an und steigern Sie so nach und nach die Schwierigkeit. Was macht der Hund auf der fremden Spur? Ist er genauso motiviert, wie bei einer von Ihnen gelegten Spur? Unter Umständen ist es anfangs günstig, eine dem Hund gut bekannte Person als Hilfsperson zu bitten. Die Personen sollten Sie dann aber auch sehr schnell abwechseln.

Inzwischen sollten Sie Ihren Hund auch so gut lesen können, dass Sie sich immer mehr darauf verlassen, wo er Sie bei der Suche hinführt. Eventuell könnten Sie mit der Hilfsperson absprechen, dass diese kurz nach jedem Winkel einen Gegenstand deponiert. Dann ist das immer für Sie ein Zeichen, dass Sie noch auf dem richtigen Weg sind. So sollten Sie jedoch nur dann arbeiten, wenn Ihr Hund schon sehr sicher in der Suche ist und neun- von zehnmal auch das Ziel findet. Wenn das noch nicht der Fall ist, sollten Sie unbedingt den Spurverlauf kennen, um dem Hund entweder etwas zu helfen, indem Sie ihm noch einmal den Geruchsstoff unter die Nase halten, oder indem Sie die Suche abbrechen und herausfinden, warum es nicht geklappt hat. In diesem Fall sollten Sie jedoch unbedingt noch eine leichte Spur zum Abschluss legen, damit der Hund und damit auch Sie die Arbeit mit einem Erfolgserlebnis beenden.

Experimentieren Sie wieder mit der Länge der Spur und den verschiedenen Untergründen. Unter Umständen können Sie später als Fortgeschrittener einen Jogger bitten, Ihnen einen Gegenstand von ihm zu geben. Das kann z.B. ein Tempotaschentuch sein, das Sie ihm aus der Packung gegeben haben. Damit soll er sich über den Hals wischen und es dann in Ihren Beutel mit Zippverschluss stecken. Mit einem zweiten Taschentuch soll er ebenso verfahren, es dann auf seiner Tour mitnehmen und nach zwei bis drei Kilometern fallen lassen. Das ist dann eine Möglichkeit, wie Sie sich relativ einfach fremde Spurenleger besorgen können. Allerdings geht das wirklich nur, wenn Sie und Ihr Hund in der Spurensuche schon ziemlich sicher sind.

Verleitungen

Unter Verleitungen versteht man Spuren, die die zu suchende Spur kreuzen. Der Hund sollte sich dadurch nicht von seiner Spur abbringen lassen. Wenn Sie bisher schon Wege in Ihre Spuren mit eingebaut haben, haben Sie wahrscheinlich schon - ohne es zu wissen - Verleitungen mittrainiert. Denn Sie wissen ja nicht, welche Spuren sich noch alle auf dem Weg befinden. Wenn man die Spurensuche schön schrittweise aufbaut, stellen solche Verleitungen auch kein großes Problem dar.

Um Ihr Vertrauen in den Hund immer mehr zu stärken und sich seiner Fähigkeiten mehr und mehr bewusst zu werden, bauen Sie gezielt Verleitungen in die Spur ein.

Hier ist es wieder von Vorteil, wenn Sie jemanden haben, der auch mit seinem Hund die Spurensuche trainiert. Dann kann jeder von Ihnen eine Spur legen, die sich dann an irgendeiner Stelle überkreuzen (siehe Zeichnung). Je spitzer der Winkel dabei ist, desto »verleitender« ist die Verleitung. Lassen Sie dann die Hunde jeweils Ihre eigenen Spuren absuchen. Lassen sie sich verleiten? Oder zei-

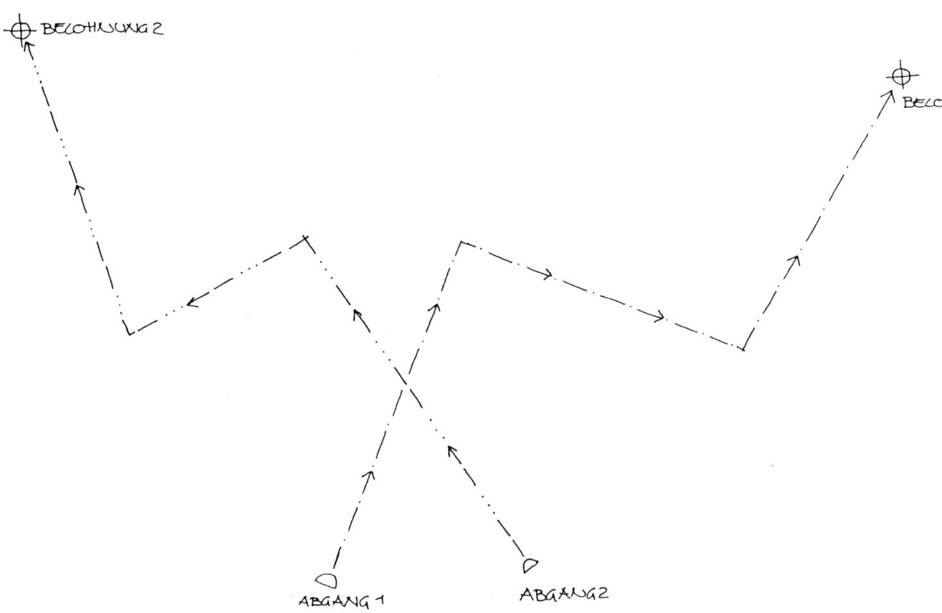

gen sie überhaupt ein Zögern an der Stelle, an der sich die Spuren überschneiden? Laufen die Hunde unter Umständen ein Stück der Verleitung nach, um dann wieder nach der eigentlichen Spur zu suchen? Beobachten Sie die Hunde genau. Sie können dabei eine Menge lernen.

Wenn das gut klappt, legen Sie noch einmal jeder eine Spur, die sich wieder an einer Stelle überlappen soll. Dann lassen Sie die Hunde jeweils die fremde Spur absuchen. Lassen sie sich jetzt verleiten und folgen der ihnen viel bekannteren Spur? Vergessen Sie nicht, den Hund zu loben, als hätte er ein Weltwunder vollbracht, wenn er auf der zu suchenden Spur bleibt! Das ist dann nämlich eine tolle Leistung.

Sie können die Spuren auch so legen, dass sie sich mehrmals überschneiden und das dann in den unterschiedlichsten Winkeln.

Sie können die Spuren auch gemeinsam beginnen - vielleicht sogar überlappend - und sich dann an einer Stelle trennen. Der Fantasie sind hier keine Grenzen gesetzt. Solch ein gemeinsames Training kann eine Menge Spaß machen. Und wenn die Hunde diesen Ausbildungsstand erreicht haben, hat man immer wieder Grund, ihre enorme Nasenleistung zu bewundern.

Sie können auch mal eine Spur über einen Wildwechsel legen oder legen lassen. Bleibt der Hund auch hierbei der zu suchenden Spur treu? Wenn ja, gibt das natürlich wieder einen Jackpott. Wenn nicht, müssen Sie noch gründlicher die Vorstufen in der Ausbildung trainieren, denn hierbei sind wir wieder bei Aufgaben für Fortgeschrittene.

Alte Spur

Bis jetzt haben wir immer relativ frische Spuren gesucht. Das Geruchsbild einer Spur ändert sich mit ihrem Alter. Man kann sich das so vorstellen, dass ein Mensch einen richtigen Tunnel an Geruch hinter sich herzieht. Wenn er steht, verströmt er den Geruch in alle Richtungen, also verteilt sich der Geruch zunächst kugelförmig. Bewegt sich der Mensch, kommt dann dieser »Geruchstunnel« zustande. Allerdings sinken die einzelnen Geruchspartikel dann recht schnell zu Boden. Von dem »Geruchstunnel« bleibt dann nach einiger Zeit nur noch eine Spur am Boden zurück. Diese Geruchsspur ist dann noch den unterschiedlichsten Witterungen ausgesetzt. Bei warmem Wetter steigt die Spur wieder etwas nach oben. Sie werden vielleicht auch schon gemerkt haben, dass der Hund bei warmem Wetter mit höherer Nase sucht als bei kühlerem Wetter. Das wird noch deutlicher in älteren Spuren. Starke Sonneneinstrahlung verbrennt im Prinzip die Geruchspartikel. Dann wird es schwierig für den Hund, aus dem was übrig bleibt, noch den richtigen Weg zu finden. Das gilt besonders auf Teer, weil da die Geruchspartikel ungeschützt der Sonne ausgeliefert sind. Im Gras halten sie sich besser. Feuchtes Wetter konserviert die Geruchspartikel. Den Hunden fällt das Suchen dann meist deutlich leichter. So kann eine schon ältere Spur, die vielleicht sogar schon starker Sonneneinstrahlung ausgesetzt war, durch einen leichten Regen oder Tau wieder deutlicher werden. Eine mögliche Erklärung dafür ist die Aktivierung der Bakterientätigkeit. Weiter oben habe ich ja schon mal beschrieben, wie jede abgestorbene Hautzelle, die unseren Körper verlässt, von Bakterien besetzt ist. Ist es zu heiß und trocken, stellen die Bakterien ihre Stoffwechselaktivitäten ein, können sie aber dann wieder aufnehmen, wenn es feuchter wird. Dann werden also wieder mehr Gase gebildet, die der Hund riechen kann.

Diese Veränderungen der Spur wirken sich natürlich auf das Geruchsbild aus. Je nach Alter der Spur kann diese also ganz anders aussehen, was es für den Hund schwierig machen kann. Und das ist die Herausforderung einer älteren Spur. Es gibt verschiedene Möglichkeiten und Meinungen, wie man den Hund an diese Aufgabe heranführen kann. Einige Trainer arbeiten von Anfang an mit einer mindestens 4 Stunden alten Spur. Wenn der Hund das gut kann, wird die Spur allmählich jünger gemacht. Wenn man einen Hund hat, der zur Suche gut motiviert ist und dem man am Anfang nicht erst zeigen muss, dass man die Spur geht und so tut, als ob man etwas hinlegt, ist das eine sehr gute Möglichkeit. Nach dieser Zeit hat sich die Spur sozusagen »gesetzt«, alle Geruchspartikel sind am Boden angekommen und damit ist die Spur am Boden am deutlichsten.

Meistens wird mit einer jungen Spur angefangen, die dann allmählich immer länger liegen gelassen wird, bis der Hund zur Suche angesetzt wird. Dabei muss man unter Umständen in 5-Minuten-Intervallen vorgehen. Wenn die erste Spur 20 Minuten liegt, steigert man das von Suche zur Suche um 5 Minuten. Anfangs kann man auch mit größeren Intervallen experimentieren. Sollte der Hund je Schwierigkeiten haben, geht man noch einmal zur jüngeren Spur zurück und arbeitet sich in kürzeren Zeitintervallen in Richtung ältere Spur. Wie alt kann eine Spur sein, die ein Hund noch ausarbeiten kann? Es gibt Berichte, dass ein Hund eine schon eine Woche alte Spur verfolgen konnte. Das hängt natürlich von den Wetterbedingungen ab und von Trainingsstand des Hundes. Bei diesen extremen Aufgaben wird wohl auch die Rasse eine Rolle spielen. Hier wird dann deutlich, was den Hunden über ihre Gene mit ins Blut gelegt ist. Aber auch wenn man keinen Bloodhound hat, kann man solche Aufgaben angehen. Über einen schön stufenweisen Trainingsaufbau kann man auch für die Geruchsarbeit ganz untypische Rassen zu ungeahnten Leistungen bringen. Und letztendlich soll ja auch der Spaß, den Mensch und Hund haben, im Vordergrund stehen.

Personensuche

Ein Hund kann eine Person in einem Gebiet suchen, indem er die Nase in die Luft streckt und die Gegend nach menschlichem Duft absucht. Das ist das Prinzip der Flächensuche, wie sie in der Rettungshundearbeit ausgebildet wird. Der Hund wird bei richtiger Ausbildung dann jeden anzeigen, der sich in diesem vorgegebenen Gebiet aufhält. Er kann aber auch die Spur einer bestimmten Person verfolgen. Bei dieser Art der Suche spricht man in letzter Zeit häufig von »Mantrailing«. Im Unterschied zur Flächensuche wird hier nicht ein bestimmtes Gebiet nach egal welchen Menschen abgesucht, sondern es wird eine durch einen Beispielgeruch ganz genau bestimmte Person verfolgt.

Eigentlich ändert sich für den Hund nicht viel im Vergleich zu dem, was wir bisher mit ihm geübt haben, außer dass am Ende der Spur jetzt nicht irgendein Spielzeug oder eine Leckerchendose wartet, sondern eine Person. Für den Aufbau der Personensuche über die Spur bitten Sie also Ihre Hilfsperson, sich am Ende der Spur zu verstecken. Sie hat die Belohnung für den Hund dabei und wenn der Hund am Ende der Spur ankommt, wird er sowohl von der Hilfsperson als auch vom Hundeführer überschwänglich belohnt. Ein gut sozialisierter, nicht menschenscheuer Hund dürfte damit keine Probleme haben.

Eine andere Möglichkeit, dem Hund die Suche nach einem Menschen schmackhaft zu machen, ist die, dass er sieht, wie ein Mensch wegläuft um sich zu verstecken. Das ist übrigens auch eine gute Möglichkeit, Hunde ins Spurensuchen einzuführen, die sich weder über Spielzeug noch über Leckerchen motivieren lassen, einer Spur zu folgen.

Als Trainingsort eignet sich für den Anfang ein einigermaßen gerader Waldweg. Wir beginnen damit, dass Sie einen Helfer bitten, Ihren Hund zu halten. Dieser Helfer sollte allerdings Erfahrung mit der Spurensuche und vor allem mit dem Umgang mit der langen Leine haben. Der Hund trägt schon sein Brustgeschirr mit der langen Leine. Sie reizen den Hund an, mit Leckerchen oder Spielzeug oder auch einfach mit Ihrer Stimme, und laufen dann weg. Nach ca. 100 bis 150 Metern verstecken Sie sich hinter einem Baum oder einem Strauch, höchstens ein bis zwei Meter vom Weg weg. Bevor Sie den Weg beispielsweise nach rechts verlassen, laufen Sie einen Schlenker nach links, um dann den Weg noch einmal der Breite

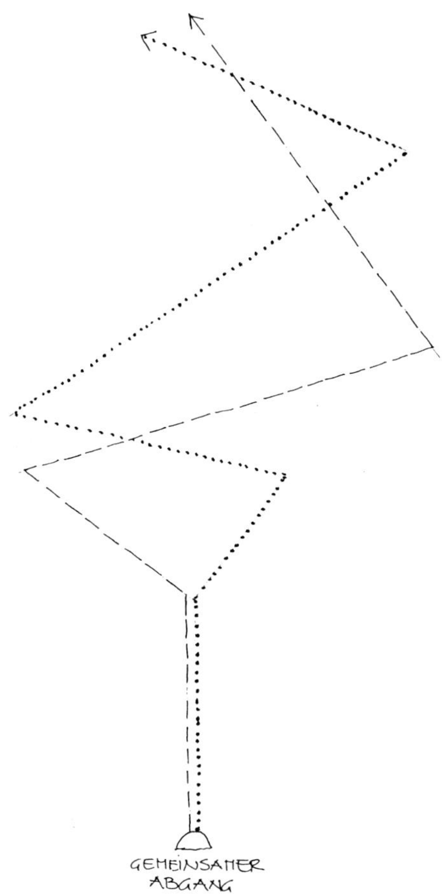

nach zu überqueren, bevor Sie ihn verlassen. Damit legen Sie dem Hund eine »Geruchsbarriere«. Wenn er darüber läuft, wird er auf einmal deutlich merken, dass kein Geruch mehr da ist. Das macht es den Hunden am Anfang einfacher. Markieren Sie die Stelle, an der Sie den Weg verlassen, etwa in Augenhöhe mit einer Wäscheklammer. Das macht es für den Menschen einfacher.

Der Hund durfte bis jetzt zusehen. Das wird ihn aber nicht daran hindern, bei der Suche die Nase einzusetzen. Zwar weiß er, dass Sie da irgendwo verschwunden sind, er wird sich die Stelle aber nicht so gut merken können, weil Hunde nicht eine so gute räumliche Vorstellung haben. Jetzt bekommt er den Beutel mit Ihrem Geruch unter die Nase gehalten und wird mit dem Kommando »Such« losgeschickt. Wie schon bei der Spurensuche beschrieben, wird das Kommando nur einmal an dieser Stelle gegeben, weil wir uns nur da ziemlich sicher sein können, dass der Hund auch wirklich den zu suchenden Geruch in der Nase hat. Dann bekommt der Hund Leine und darf suchen. Hier hilft uns jetzt die Bindung zum Hundeführer als Motivator. Das ist übrigens eine Übung, die man auch schon mit Welpen beginnen kann, sobald sie eine Bindung zu ihrem Menschen aufgebaut haben.

Der Hund wird nun dem Weg folgen, weil er Sie da weglaufen gesehen hat. Oft scheint es dann so, als liefe er einfach drauflos, ohne die Nase einzusetzen. Ich denke jedoch, dass die Nase des Hundes genauso automatisch arbeitet wie unsere Augen. Wir brauchen uns ja auch nicht speziell darauf zu konzentrieren, auch wirklich zu gucken. Wir machen es einfach. Die Hilfsperson folgt dem Hund. Wichtig ist, dass der in keiner Weise beeinflusst wird. Läuft er über die Stelle, an der Sie abgebogen sind, hinweg, dann darf er das. Irgendwann wird er merken, dass er keinen Geruch mehr findet. Er wird wahrscheinlich kreisen, den Geruch wieder in die Nase bekommen und Sie dann zielstrebig in Ihrem Versteck aufspüren. Dann wird der Hund natürlich wieder gelobt als hätte er ein Weltwunder vollbracht. Direkt im Anschluss daran wird die gleiche Übung wiederholt, wobei Sie sich jetzt links im Wald »verstecken«, das heißt Sie setzen sich ein bis zwei Meter neben den Weg. Diesmal wird der Hund Sie wahrscheinlich sofort finden. Oft höre ich dann »Der hat mich bestimmt gesehen!« Ich denke jedoch - und die Erfahrung bestätigt es - dass ein Hund eine unbewegliche Person nicht sehen kann, ohne sie auch zu riechen. Ich bin überzeugt, dass dann auch immer die Nase beteiligt ist.

Im nächsten Trainingsschritt wird dieselbe Übung mit einer dem Hund möglichst bekannten Person gemacht. Jetzt stehen Sie am Ende der Leine. Wann dieser Schritt durchgeführt wird, richtet sich natürlich immer nach dem Hund. Wir bestimmen den Weg, der Hund bestimmt das Tempo. Ein sehr sensibler, schüchterner Hund wird öfter seinen eigenen Hundeführer suchen müssen, um immer mehr Selbstvertrauen zu bekommen. Mit einem sehr sicheren Hund kann man unter Umständen sofort mit der Fremdsuche beginnen, wenn er sich gut motivieren lässt. Das ist Aufgabe des Trainers, den Hund richtig einzuschätzen. Jede Überforderung sollte vor allem am Anfang vermieden werden. Daher fängt man die Übung am besten leicht an, um die Schwierigkeiten aber kontinuierlich zu steigern. Denn eine Unterforderung langweilt.

Hat der Hund den Sinn der Übung verstanden, sollte er als Nächstes angereizt, dann aber weggedreht werden, damit er die Person nicht mehr sieht. Dieser Übungsschritt ist eher für die Menschen, damit die auch wirklich glauben, dass der Hund die Nase einsetzt.

Als neue Schwierigkeit für den Hund können Sie jetzt damit beginnen, ihn nicht mehr direkt in Laufrichtung anzusetzen, sondern aus ein bis zwei Metern Abstand von der Seite. Das ist für später eine wichtige Vorübung. Der Hund muss sich nämlich später für eine Richtung entscheiden. Noch ist die durch die weglaufende Person vorgegeben. Bald werden wir aber dahin kommen, dass der Hund die Person nicht mehr weglaufen sieht. Später sollte auch der Hundeführer nicht mehr wissen, in welcher Richtung das »Opfer« sich bewegt hat, um sein Vertrauen in den Hund immer mehr zu steigern. Dann muss er sich darauf verlassen können, dass der Hund die richtige Richtung wählt. Dafür sind die Hunde schon von Natur aus sehr gut ausgestattet. Sie können mit ihren Nasen quasi stereo riechen, so wie wir mit unseren Ohren stereo hören können, wie ich es auf Seite 29 schon einmal beschrieben habe.

Jetzt wird die Spur immer schwieriger. Als Erstes kommt eine Kreuzung mit ins Spiel. Das Opfer biegt jetzt - ohne dass der Hund es sieht - auf der Kreuzung ab, läuft noch mal ca. 100 Meter und versteckt sich - wie gehabt - im Wald.

Wichtig ist hier wieder eine deutliche Absprache über das Versteck. Wir benutzen gerne unterschiedlich gefärbte Wäscheklammern. Eine Farbe bedeutet »Das ist der richtige Weg«, eine andere Farbe bedeutet »Direkt hier hinter bin ich rein und warte im Versteck«. Wenn Bäume da sind und genügend Äste in Augenhöhe ist das eine sehr schöne Art der Markierung, die auch den Hund nicht weiter stört.

Mit meiner Hündin kam ich zu Anfang ihrer Ausbildung mal in folgende Situation. Ich erklärte der ortsfremden Versteckperson den Weg, den sie nehmen sollte. Dabei war ich mir über einen bestimmten Weg aber nicht mehr bewusst. Ich beschrieb also, sie sollte dem Weg folgen, käme dann über eine schmale Lichtung, an deren Ende ein Hochsitz steht. Dort solle sie rechts abbiegen und sich dann nach 50 Metern im Wald verstecken. Dummerweise hatte ich außer dem Weg, den ich nicht mehr in meiner Erinnerung hatte, auch noch einmal rechts mit links verwechselt. Die Versteckperson ging dann auf dem Weg, an den ich gar nicht gedacht hatte. Unglücklicherweise kam auch da ein Hochsitz und sie konnte wie beschrieben rechts abbiegen. Am Ende war sie aber eben absolut nicht mehr da, wo ich sie erwartete. Als ich bei der Suche dann mit meiner Hündin den vergessenen Weg sah, war mir klar, dass meine Versteckperson den genommen haben musste. Meine Hündin folgte auch diesem Weg und hätte auch fast die Person gefunden. Allerdings wurde ich so unsicher, weil ich ja nun überhaupt nicht mehr wusste, in welche Richtung es gehen sollte. Ich war mir auch nicht sicher, ob Runa dieser Aufgabe schon gewachsen war. Meine sich mehr und mehr steigernde Unsicherheit übertrug sich wohl auf den Hund und sie hörte auf zu suchen. Das Ende war, dass wir in drei Gruppen rufend durch den Wald liefen, um unsere arme Versteckperson wiederzufinden, die sich zudem noch gar nicht auskannte.

Das war uns eine Lehre und seitdem wird keine Spur mehr ohne Markierung gelegt. Außerdem wurden Funkgeräte angeschafft, um damit immer einen »heißen Draht« zum Opfer zu haben. Das war das Gute an der Sache. Das nicht so Schöne an der Sache war, dass ich damit den Hund natürlich sehr verunsichert habe. Sie macht eigentlich das Richtige und ich vertraue ihr nicht. Runa hat mir dieses eine Mal glücklicherweise nicht übel genommen. Es hätte aber sein können, dass ich mir das Suchen damit gründlich verdorben hätte.

Wichtig ist also immer, dass man weiß, welchen Weg das »Opfer« gegangen ist. Wenn das später aus Trainingsgründen der Hundeführer nicht mehr wissen sollte, dann sollte aber eine Begleitperson den genauen Weg kennen, um dem Hundeführer im Zweifelsfalle Sicherheit zu geben.

Genau wie bei der Spurensuche ohne Person wird im Laufe des Trainings die Strecke immer weiter erschwert. Unterschiedliche Winkel, hier vorzugsweise an Kreuzungen, sollen eingebaut werden. Was man hierbei beachten muss, sind die Windströmungen an Kreuzungen. Die sind da manchmal ganz gewaltig. Es kann also sein, dass der Wind den Geruch in einen Weg hineinbläst, obwohl die Person da gar nicht gegangen ist. Lassen Sie den Hund dem Wind folgen. Er soll alleine feststellen und er wird es auch, wenn er auf der falschen Spur ist. Er wird wahrscheinlich irgendwann umkehren und sich die richtige Spur erarbeiten. Hier ist es ganz wichtig, dem Hund zu vertrauen. Denn wir wissen nicht, wo der Geruch ist. Vielleicht hat er ihn gerade ganz deutlich in der Nase, wenn wir aus Unwissenheit sagen: »Nein, komm hier lang, das da ist der falsche Weg«. Damit bringen wir den Hund also eher durcheinander. Lassen Sie ihn an einer solchen Kreuzung dem Weg ruhig ca. 50 Meter folgen. Mit aller Wahrscheinlichkeit wird er von sich aus umkehren, vorausgesetzt, er ist gut motiviert zum Suchen.

Bauen Sie auch hier wieder unterschiedliche Untergründe ein. Das Opfer kann zum Beispiel auch über Teer gehen oder über Schotterwege, Wiesen, eventuell durch sehr feuchtes Gelände oder was immer Sie zur Verfügung haben. Beobachten Sie, wie der Hund auf den unterschiedlichen Böden sucht. Hat er irgendwo Schwierigkeiten? Hängt es vom Boden ab, ob er die Nase höher oder tiefer hält? Wie verändert sich sein Suchen unter unterschiedlichen Wetterbedingungen? All diese Beobachtungen werden Ihnen helfen, Ihren Hund immer besser zu verstehen. Führen Sie ihn immer nur langsam an neue Schwierigkeiten heran. Oft ist aber auch das, was uns als schwierig erscheint, für den Hund in Wirklichkeit ganz einfach. Wenn der Hund es zum Beispiel gewohnt ist, über Wege zu suchen, wird ihm eine Suche quer durch den Wald ganz leicht fallen. Das kommt den Menschen dann oft als neue Herausforderung vor. Der Hund hat es da jedoch recht einfach, die wahrscheinlich einzige menschliche Spur zu finden. Sucht er auf einem Weg, hat er es immer mit einem Sammelsurium an Gerüchen zu tun.

Es sind der Fantasie jetzt jedoch keine Grenzen gesetzt, was man dem Hund oder besser gesagt dem Hund-Mensch-Team noch als Herausforderungen stellen kann.

So kann der zu suchende Mensch in einer ganzen Personengruppe losgehen und sich dann von den anderen trennen.

Oder umgekehrt: Der zu suchende Mensch schließt sich einer

ganzen Gruppe an und der Hund muss dann zeigen, welches der richtige Mensch ist. Hierfür muss er eine Art der Anzeige lernen, damit er uns auch wirklich eindeutig zeigen kann, welche Person er meint. So könnte er die Person anbellen, sie anspringen, sich davor hinsetzen oder hinlegen oder was auch immer. Überlegen Sie sich die Vor- und Nachteile und wählen Sie dann eine Form der Anzeige aus.

Das »Opfer« könnte sich auch mal höher verstecken, zum Beispiel auf einem Hochsitz oder auf einem Baum. Wie geht der Hund damit um? Der Geruch fällt in einem solchen Fall eigentlich immer schön auf den Boden. Das Problem ist nur, dass er vom Wind etwas abgetrieben werden kann (siehe Zeichnung). An der Stelle, an der der Hund den Geruch unter Umständen wahrnimmt, ist der Mensch absolut nicht zu entdecken. Solche höher gelegenen Verstecke sollte man daher anfangs wählen, wenn es recht windstill ist. Das macht es dem Hund erst einfacher.

Das »Opfer« kann seine eigene Spur unterwegs kreuzen. Was macht der Hund? Folgt er der Spur in ihrem Verlauf oder wechselt er auf die frischere Spur der zu suchenden Person? Beides ist eigentlich richtig. Es ist aber sehr spannend, die Arbeit des Hundes zu beobachten. Die Hunde, die auf die frischere Spur wechseln, scheinen richtig mitzudenken. Die frischere Spur ist nämlich näher am »Opfer«, also wäre es Energieverschwendung, der anderen Schleife zu folgen. Vielleicht findet der Hund aber auch gerade das etwas einfacher. Lassen Sie ihn entscheiden und beobachten Sie.

Auch bei der Suche nach einem Menschen kann man das Alter der Spur allmählich steigern. Schafft Ihr Hund es, einer zwei Stunden alten Spur zu folgen? Wie sieht es aus, wenn die Spur vier Stunden alt ist oder acht? Wenn die Hilfsperson die Spur mehrere Stunden vor der eigentlichen Suche gelegt hat, sollte sie zum Zeitpunkt der Suche über einen anderen Weg an das Ende der Spur gebracht werden. Denn es ist wohl keinem zuzumuten, stundenlang an einer Stelle zu warten, es sei denn, es ist herrliches Wetter und der Mensch hat ein tolles Buch (wie z.B. Harry Potter) bei sich. Bei einer Spur, die älter als acht Stunden ist, spricht man in Jägerkreisen von einer »kalten« Spur. Ab hier kann es unter Umständen mit Rassen schwierig werden, die nicht speziell für die Nasenarbeit gezüchtet wurden. Aber es gibt durchaus auch Border Collies (um ein Beispiel zu nennen), die das schaffen, ohne speziell dafür gezüchtet zu sein. Noch wichtiger als die Rasse ist meiner Meinung nach das Vertrauen, welches der Hundeführer in seinen Hund hat und ein sorgfältiger Trainingsaufbau. Versuchen Sie es also ruhig, auch wenn Sie keinen speziellen Nasenhund - wie z.B. einen Bluthund - Ihr Eigen nennen. Wenn Sie allerdings trotz gutem und fleißigem Training an des Hundes Grenzen stoßen, akzeptieren Sie das! Es gibt noch genügend andere Herausforderungen, wo er sein Können beweisen kann.

Eine davon ist das Arbeiten mit einem Geruchspool. Was ist das? An einem Geruchspool sammelt sich eine ganze Menge Geruch der zu suchenden Person. In vielen Situationen können wir uns den Geruch wie Wasser vorstellen. So sammelt sich auch der Geruch in bestimmten Vertiefungen z.B. und es entsteht ein Geruchspool. Wenn die Person lange an einer Stelle verweilt, bevor sie weiter geht, verteilt sich an dieser Stelle auch besonders viel Geruch. Hier könnte man vielleicht auch von einer Geruchswolke sprechen. Das schwierige an diesen Beispielen ist, dass viel Geruch da ist, aber nicht unbedingt die Person. Ein ähnliches Beispiel hatten wir schon, als die Person in einem hochgelegenen Versteck war.

Einen solchen Geruchspool auszuarbeiten, stellt also eine nächste Herausforderung für den Hund dar.

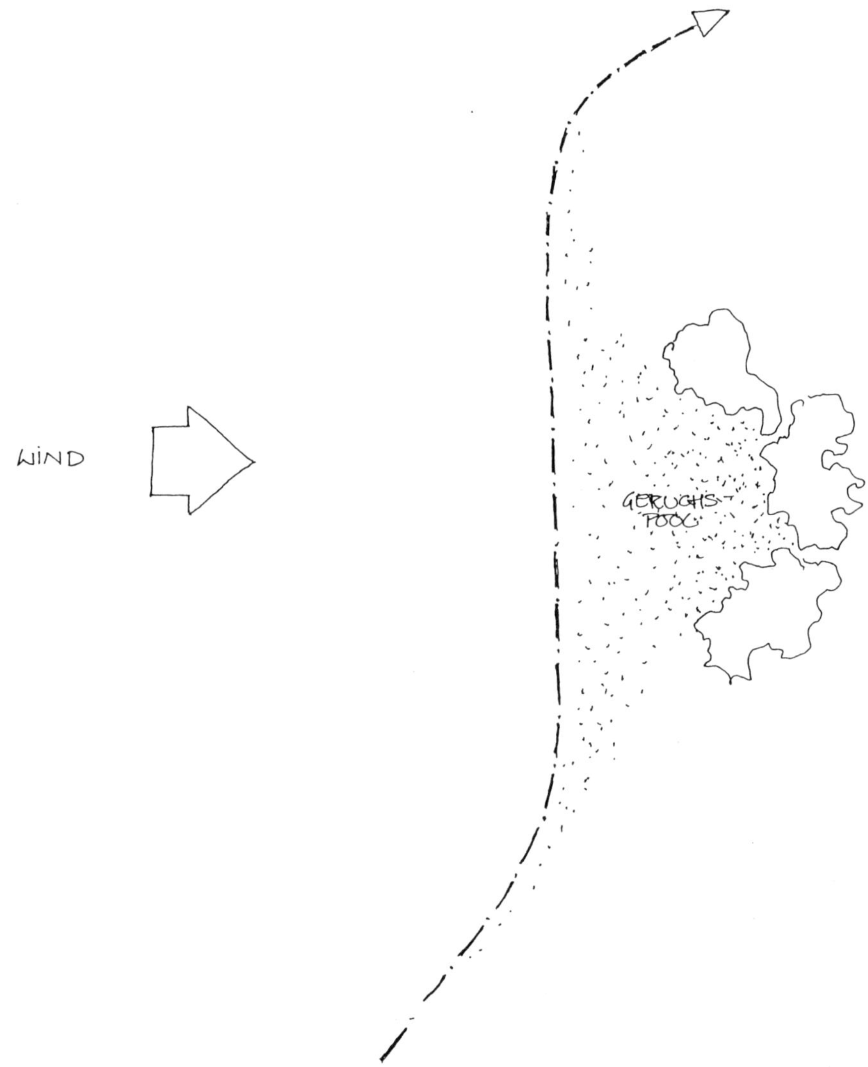

Geruchspool durch dichtes Buschwerk.

Fangen Sie wieder ganz einfach an. Vereinbaren Sie mit Ihrer Versteckperson einen bestimmten Weg. An einer Stelle - das kann zum Beispiel eine Bank sein - soll sie sich fünf Minuten hinsetzen und »ausruhen«, und dann erst weiter gehen. Diese Stelle sollte etwas windgeschützt liegen. Anschließend geht die Person also dann weiter bis zum verabredeten Ziel, das für den Anfang nicht zu weit von dieser Pausenstelle weg sein sollte. Aber natürlich darf es auch nicht zu nah sein, sonst vermischen sich die beiden Geruchswolken. Je nach Gelände und Windstärke sollten mindestens fünfzig Meter zwischen der Stelle, an der der Mensch sich ausgeruht hat, und der Stelle, an der er letztendlich versteckt ist, sein. Sie setzen Ihren Hund auf die Spur an. Jetzt sind Sie wieder gefordert: Wie reagiert der Hund, wenn er zu diesem Geruchspool oder der Geruchswolke kommt? Wird er aufgeregt, weil er vielleicht denkt, er sei seinem Ziel ganz nahe, weil es an dieser Stelle so stark nach der Person riecht? Hält er sich gar nicht besonders auf, sondern läuft sofort auf der Spur weiter? Das wird wohl eher die Ausnahme sein. In den meisten Fällen fällt es dem Hund zunächst einmal schwer, aus dem Geruchspool wieder herauszukommen. Lassen Sie ihn das möglichst selbstständig erarbeiten. Er sollte merken, dass trotz starken Geruches keine Person zu finden ist und er sollte den weiteren Verlauf der Spur finden. Wenn der Hund mit dieser Aufgabe zu große Schwierigkeiten hat, machen Sie es ihm das nächste Mal einfacher, indem die Person nur eine Minute an einer bestimmten Stelle verweilt. Steigern Sie diese Zeit dann allmählich.

Ganz besonders wichtig an dieser Übung ist, dass Sie merken, wann der Hund in einen solchen Geruchspool kommt. Sie sollten Ihren Hund wieder sehr gut lesen lernen. Denn sein Verhalten ist seine Art, Ihnen mitzuteilen, was er gerade riecht. Und das sollten Sie immer sicherer verstehen lernen. Es kann nämlich sein, dass der Hund auf einer Suche in einen Geruchspool kommt, der durch die natürlichen Gegebenheiten entstanden ist (Beispiel siehe Zeichnung). So kann es Situationen geben, in denen die Riechfähigkeit Ihres Hundes und Ihr Verstand gleichermaßen gefordert sind. Wo kann der Geruch im Geruchspool herkommen? Kommt der Wind von oben oder von unten? Wie kann ich dem Hund unter Umständen helfen, wieder auf die Spur zu kommen? Das sind dann wirklich Aufgaben für ein sehr fortgeschrittenes Team. Voraussetzung ist jedoch eine optimale Verständigung zwischen Ihnen und Ihrem Hund. Und die soll durch all die unterschiedlichen Übungen immer mehr steigen. Ich hoffe auch, Sie sind bis jetzt bei der Erkenntnis angelangt, dass wir dem Hund in diesen Riechsachen nichts beibringen können. Wenn der Hund einen Fehler macht, haben wir ihm nicht richtig vermittelt, was er machen soll. Wir können ihm also nichts beibringen. Wir können aber lernen, uns immer besser mit ihm zu verständigen. Und wir können in manchen Situationen unsere und seine Fähigkeiten sinnvoll kombinieren, um als Team bestimmte Aufgaben zu lösen.

Wenn der Hund den Geruchspool gut ausarbeitet, der durch die fünfminütige Pause entstanden ist, können Sie Ihre Versteckperson auch mal bitten, sich in diesen fünf Minuten auf einer Fläche von ca. drei mal drei Metern zu bewegen, so dass die ganze Fläche mit seiner Spur ausgelegt ist. Diese Fläche soll er dann in einem beliebigen Winkel zur Eingangsspur wieder verlassen. Findet der Hund die Spur, die aus der Fläche hinausführt? Wie löst er die Aufgabe? Schnüffelt er ausgiebig in der Fläche oder schnüffelt er am Rand entlang, um die Ausgangspur zu finden?

Beim ersten Mal sollten Sie die Aufgabe immer kennen. Denn außer dass es darum geht, dass der Hund die Aufgabe löst, geht es hauptsächlich darum, dass Sie den Hund lesen lernen. Wenn das klappt, sollten Sie sich aber auch immer öfter Spuren legen lassen mit Aufgaben, die Sie beide zwar schon beherrschen, von denen Sie jedoch nicht wissen, um welche Aufgabe es sich handelt. Denn sonst könnte es sein, dass Sie ihm unbewusst Zeichen geben. Das kann man eigentlich nur dadurch vermeiden, dass man selber nicht weiß, wo die Spur läuft. Und auch dann ist es noch sehr schwierig, sein Denken auszuschalten. Zu oft erleben wir, dass die Menschen in den jeweiligen Teams glauben, da und da müsste das Opfer entlang gegangen sein, und dadurch den Hund auf die falsche Fährte »drücken«. Optimal wäre es, wenn man dem Hund immer vermitteln würde: »Ich weiß nicht, wo die Spur läuft. Zeig du sie mir!« Besonders in schwierigen Passagen muss man die Geduld haben, den Hund die Spur alleine ausarbeiten zu lassen. Denn wie schon gesagt: Wir können dem Hund nicht sagen, wo der Geruch ist! Wir können nur durch einen wohlüberlegten und geduldigen Trainingsaufbau versuchen, die Verständigung zwischen Hund und Mensch immer weiter zu verfeinern.

Aufgaben für Könner

Training in der Stadt

Sie sind mit Ihrem Hund inzwischen da angekommen, wo Sie nach immer neuen Herausforderungen suchen. Alles andere schaffen Sie beide schon in den meisten Fällen mühelos und Sie sind auch etwas neugierig, zu was der Hund noch so alles fähig ist.

Hier möchte ich Ihnen auch für diesen Fall noch zwei Herausforderungen liefern. Die erste ist das Suchen in der Stadt, die zweite die unterbrochene Spur.

Zuerst in die Stadt: Inzwischen sollten Sie den Hund also auch schon oft auf Teer suchen gelassen haben. Das sollte für ihn keine besondere Schwierigkeit mehr darstellen. Denn jetzt kommen andere Schwierigkeiten wie z.B. viele Autos und ihre Abgase, viele andere Menschen und ihre Hinterlassenschaften, wie z.B. Fritten, Brotreste und so weiter hinzu. Auch die Luftströmungen in Häuserreihen ist eine Herausforderung für sich.

Diesen Herausforderungen wollen wir uns jetzt nach und nach stellen. Beginnen Sie in einer ruhigen Straße mit wenig Fahrzeug- oder Personenverkehr. Sie sollten wieder genau wissen, wo die zu suchende Person gegangen ist. Als Markierung eignet sich unter Umständen Kreide. Das Markieren ist jedoch nicht immer so ganz einfach. Es kann nämlich durchaus sein, dass die Spur auf der rechten Seite gelegt wurde, der Hund aber jetzt auf der linken Seite sucht. Wenn sich die Markierung auf der rechten Seite befindet, kann es gut möglich sein, dass man sie von der linken Seite nicht sieht. Daher ist eine gute Absprache unbedingte Voraussetzung oder aber eine dritte Person, die den Weg sehr gut kennt. Auch wäre es sinnvoll, ein oder besser zwei Personen als Hilfe zu haben, die Ihnen fahrende Autos vom Leib halten oder Fragen von Passanten beantworten, so dass Sie sich voll und ganz auf Ihren Hund und dessen Arbeit konzentrieren können. Spätestens zu diesem Zeitpunkt ist es also wünschenswert, dass Sie mit Ihrer Begeisterung für die Nasenarbeit des Hundes noch andere Menschen angesteckt haben, damit Sie sich gegenseitig helfen können.

Lassen Sie die Spur für den Anfang kurz. Hundert Meter reichen zunächst völlig. Denn wir wollen nicht an der Ausdauer des Hundes arbeiten, sondern ihm eine neue Aufgabe stellen. Bauen Sie

Es ist gut, eine Person dabei zu haben, die Fragen der Passanten beantwortet.

aber ruhig schon ein oder zwei Winkel ein, zum Beispiel. an Kreuzungen. Nun ist es wieder an Ihnen, Ihren Hund genau zu beobachten. Wie löst er diese Aufgabe? Lässt er sich ablenken von Personen, anderen Gerüchen oder vielleicht auch anderen Hunden? Sollte so etwas der Fall sein, gehen Sie nochmals einige Schritte in der Ausbildung zurück und arbeiten Sie gezielt daran, eine solche Ablenkung in schon bekannte Aufgaben einzubauen. Beherzigen Sie immer das Prinzip, dass nur an einer Sache gearbeitet wird. Alles andere aus der Übung sollte dem Hund schon bekannt sein. Und denken Sie daran, ihn immer mit einem Jackpott zu belohnen, wenn er solch eine neue Herausforderung bestanden hat.

Nach und nach können Sie dann auch die Spuren in der Stadt verlängern. Suchen Sie auch unter unterschiedlichen Wetterbedingungen. Wie sucht der Hund eine Spur, die im Regen gelegt wurde, im Vergleich zu einer, die im Trocknen gelegt wurde, auf die es aber anschließend geregnet hat? Wie arbeitet er bei starkem Wind? Notieren Sie sich alles in Ihrem Trainingstagebuch. Es wird an Erfahrungen immer reicher, die Sie dann später immer wieder rekapitulieren können.

Arbeiten Sie auch in der Stadt an unterschiedlich alten Spuren. Wie sieht es aus, kann Ihr Hund in der Ortschaft genauso alte Spuren verfolgen wie im Gelände? Ist Ihnen schon aufgefallen, dass ein leichter Regen das Suchen für den Hund wieder einfacher macht? Bei wirklich schwierigen Aufgaben können Sie Ihrem Hund z.B. helfen, indem Sie den morgendlichen Tau ausnutzen.

Die unterbrochene Spur

Eine weitere schöne Herausforderung ist die unterbrochene Spur. Das kann sowohl zeitlich als auch räumlich passieren. Beginnen Sie zunächst mit einer zeitlichen Unterbrechung. An einer Stelle der Spur unterbrechen Sie die Suche, um eine Pause einzulegen. Um dem Hund zu signalisieren, dass er jetzt Pause hat, nehmen Sie ihn für diese Zeit aus seinem Geschirr. Anschließend ziehen Sie ihm sein Geschirr wieder an und lassen ihn weiter suchen. Anfangs werden Sie ihn hierfür wohl neu mit dem Geruchsstoff ansetzen müssen. Wenn er das Prinzip der Unterbrechung verstanden hat, wird er auch von sich aus die richtige Spur weiter verfolgen, sobald er dazu Gelegenheit hat.

Eine Möglichkeit der räumlichen Unterbrechung ist zum Beispiel die, dass die zu suchende Person ein Stück der Strecke durch einen Bachlauf geht. Auch hier sind die Hunde erstaunlich gut. (Hierbei wird der Hund nicht aus seinem Geschirr genommen, denn er soll seine Arbeit ja weiter fortsetzen.) Sie nutzen Grashalme, an denen die Person vorbeigestreift ist oder Äste, um dennoch den Verlauf der Spur zu verfolgen. Wenn Sie die Möglichkeit haben, wählen Sie immer breitere Wasserläufe. Die Übung eignet sich hervorragend als kleine Erfrischung im Sommer.

Was macht der Hund, wenn er keine Grashalme oder sonstigen Hilfen mehr hat? Sie können ihn beide Bachseiten absuchen lassen, bis er die Spur wieder gefunden hat. Wie bei allen Aufgaben gilt auch hier: Führen Sie den Hund ganz allmählich an solche Aufgaben heran. Am Anfang reicht es völlig, wenn die Person zwei bis drei Meter durchs Wasser geht. Wenn Sie es schaffen, die Schwierigkeiten der Übungen genau den Möglichkeiten des Hundes anzupassen, werden Sie einen Hund haben, der immer mit Spaß bei der Sache ist. Sie können sich dann gut auf ihn verlassen. Stellen Sie ihm zu schwere Aufgaben, kann er sein, dass er sich überfordert fühlt. Darauf reagieren die Hunde unterschiedlich. Die einen brechen die Suche ab, die anderen markieren immer häufiger während

Ein Bach kann bei hohen Temperaturen eine willkommene Erfrischung sein.

der Suche, was sie sonst nicht machen, und wieder andere suchen fleißig eine falsche Spur, so dass der Hund einem dann recht unzuverlässig erscheint. Achten Sie auf solche Zeichen der Überforderung, besonders bei diesen Herausforderungen, die wir dem Hund hier stellen. Seien Sie geduldig in der Ausbildung. Es ist so viel leichter, in nur kleinen Schritten vorwärts zu kommen, als durch Ungeduld einen großen Rückschritt zu machen, den man oft gar nicht so leicht wieder ausbügeln kann.

Eine nächste Möglichkeit, eine Spur zu unterbrechen, ist die, dass für die zu suchende Person an einer Stelle ein Fahrrad bereit steht (von einer dritten Person). Damit soll sie einige Meter fahren (für den Anfang wieder nicht weit!), das Fahrrad dann wieder abstellen und die Spur wie gewohnt zu Fuß weiter fortsetzen. Genauso wie bei der Suche durch einen kleineren Wasserlauf ist die Spur hierbei nicht völlig abgebrochen, sondern nur von ihrer Qualität sehr verändert, man könnte vielleicht sagen »stark verdünnt«. Durch solche Herausforderungen kann man auch erfahrenen guten Hunden immer wieder neue Anreize geben. Denn genauso wie eine Spur nie zu schwer sein sollte, sollte sie nie langweilig werden.

Eine deutliche Unterbrechung der Spur ist die Fahrt im Auto. Aber auch damit kann der Hund in einem gewissen Rahmen durchaus lernen umzugehen. Diese Aufgabe erfordert einige Vorbereitungen. An einer Stelle der zu suchenden Spur sollte ein Auto abgestellt werden. Das muss eine andere Personen machen als diejenige, die gesucht werden soll. Am besten eignet sich dafür ein geteerter Feldweg, auf dem möglichst kein Verkehr ist.

Die Versteckperson kommt jetzt auf ihrem Weg zu dem Auto, steigt ein und fährt ca. 100 Meter bzw. lässt sich fahren. Dann steigt Sie wieder aus und führt ihren Weg fort. Sprechen Sie vorher ab, in welche Richtung gefahren wird. Und denken Sie am Anfang auch daran, dass die Stelle markiert wird, an der die Spur wieder fortgesetzt wird oder dass dort eine Hilfsperson (z.B. der Fahrer des Autos) auf Sie wartet, um zur Not einzugreifen, damit Sie wieder die richtige Spur finden. Hat der Hund die Spur verloren, gehen Sie mit ihm der Straße entlang und ermuntern ihn kurz vor der verabredeten Stelle wieder mit der Suche anzufangen. Achten Sie auf sein Verhalten. Wann hat er die Spur wieder? Oder kam er ganz raus aus dem Suchen? Dann müssten Sie ihn eventuell noch einmal neu ansetzen.

Wenn der Hund diese Aufgabe schafft, ohne dass er neu angesetzt werden muss, können Sie die Aufgabe noch etwas kniffeliger machen. Dafür brauchen Sie an einer verabredeten Stelle zwei Autos. In das erste steigt die zu suchende Person ein und lässt sich diesmal ca. einen Kilometer fahren. Für Sie steht das zweite Auto mit Fahrer bereit. Sie sollten sich dann mit ihrem Hund an das offene

Fenster setzen und ihn auffordern, die Spur wieder zu finden. Ihr Fahrer sollte dabei ganz langsam fahren. Und Sie sollten mit dem Hund auf der Seite des Fahrzeuges sitzen, auf der die Spur nachher auch weiter geht. Wenn Sie bis hierhin in der Ausbildung gekommen sind, sollten Sie die feinen Zeichen schon erkennen, die Ihr Hund gibt, wenn er die Spur wieder in der Nase hat. An der Stelle verlassen Sie Ihr Auto und lassen den Hund die Spur wieder weiter verfolgen. Ich bin immer wieder fasziniert, zu welchen Leistungen die Hunde fähig sind!

Für stadterfahrene Hunde gibt es eine nächste Steigerung dieser Übung. Ihre Versteckperson kann auf ihrer Strecke in eine Straßenbahn einsteigen. Sprechen Sie die Haltestelle ab, an der sie wieder aussteigt. Sie folgen dann mit Hund, der Ihnen an der U-Bahn-Station deutlich machen wird, dass die Spur dort aufhört. Sie nehmen die nächste Bahn, steigen an der verabredeten Haltestelle wieder aus und der Hund kann seine Arbeit fortsetzen. Auch bei dieser Unterbrechung wird der Hund nicht aus seinem Geschirr genommen. Er hat keine Pause, auch wenn er während der U-Bahn-Fahrt nicht selber mitsuchen kann. Beim Aussteigen soll er schließlich von sich aus versuchen, die Spur wieder aufzufinden. Meistert der Hund auch diese Aufgabe schon, können Sie zur Abwechslung auch mal an der falschen Haltestelle aussteigen. Jetzt findet der Hund keine Spur, was er Ihnen durch eine Negativanzeige anzeigen sollte. Sie nehmen die nächste Bahn, um dann an der richtigen Station auszusteigen und der Hund kann seine Arbeit fortsetzen. Sie sehen, der Fantasie sind beim Gestalten des Trainings kaum Grenzen gesetzt. Das macht diese Art der Beschäftigung mit dem Hund auch so spannend. Man kann fast nie sagen: So, jetzt kann ich alles. Man findet immer wieder neue Dinge, die man in Angriff nehmen kann.

Abwechslungen im Geruchsstoff

Bis jetzt hatten wir als Geruchsstoff immer etwas, was die zu suchende Person getragen hat und was dann für den Hund entweder in einer Tüte zur Geruchsaufnahme bereitgehalten wurde oder aber am Beginn der Spur lag. Auch für diesen Bereich der Ausbildung gibt es viele interessante und spannende Herausforderungen.

Ändern Sie zunächst einmal Größe und dann auch das Material des Duftstoffes. So könnten Sie mit immer kleineren Stofffetzen arbeiten. Auch Gegenstände wie Feuerzeug oder eine Brille können z.B. als Geruchsstoff dienen. Wie sieht es aus mit einem Ring oder einem Ohrring? Hierbei muss der Hund mit sehr wenig Geruch auskommen. Aber auch dazu sind Hunde in der Lage! Ist das nicht faszinierend?

Wenn der Hund nun mit allen möglichen, zum Teil auch kleinsten Gegenständen zur Geruchsaufnahme vertraut ist, können Sie

Biergartenstuhl zur Geruchsaufnahme.

auch mal an bestimmten Orten Geruch aufnehmen lassen. Als Beispiel hat die zu suchende Person zunächst in einem Biergarten gesessen und ist von dort aus gestartet. Lassen Sie sich von jemandem den Stuhl zeigen, auf dem die Person gesessen hat (und anschließend kein anderer mehr!) und lassen Sie den Hund dort Geruch aufnehmen. Oder zeigen Sie dem Hund das Glas, aus dem die Person getrunken hat zur Geruchsaufnahme. Seien Sie nicht enttäuscht, wenn der Hund Ihnen den Kellner oder die Kellnerin anzeigt. Schließlich ist deren Geruch ja auch am Glas.

Eine gute Vorübung in dieser Richtung ist, dass der Hund einen Geruchsstoff bekommt, der von zwei Personen gehalten wurde, wovon eine Person jedoch direkt anwesend ist. So lernt der Hund abzuchecken, dass diese eine Person nicht gesucht zu werden braucht. Sie ist ja da. Aber die andere fehlt, deren Geruch auch an dem Gegenstand ist und das ist die, die gesucht werden soll.

Sie können Geruch auch »einpacken« und mitnehmen, falls Sie ihn unterwegs noch mal brauchen. Für diesen Zweck sollten Sie wieder möglichst Einmalhandschuhe tragen. Natürlich wird der Hund auch schnell herausfinden, dass er Sie ja nicht suchen soll. Je nachdem, wie viel Geruch an der Geruchsquelle vorhanden ist, sollten wir das jedoch nicht noch zusätzlich durch unseren Geruch überschatten. Mit den Einmalhandschuhen nehmen Sie sich eine sterile Gazebinde, wie es sie für den Verbandskasten gibt. Damit wischen Sie über die Geruchsquelle, eben z.B. das Bierglas - von außen, versteht sich! Die Gaze kommt in die Tüte und schon haben Sie den Geruch transportgeeignet verpackt. Auf diese Art und Weise können Sie experimentieren und von allen möglichen Oberflächen Geruch aufnehmen. Sollten mehrere Gerüche vorhanden sein, sollten möglichst die Personen, die nicht gesucht werden sollen, anwesend sein. Wir wollen den Hund schließlich nicht verwirren, sondern nur immer flexibler mit unserem Geruchsstoff werden. Denn auch hier ist es so faszinierend, zu welch zunächst unvorstellbaren Leistungen unsere Hunde in der Lage sind.

In den meisten Fällen scheitert es nur an der Kommunikation. Ist sich der Mensch darüber jedoch im Klaren und baut die Übungen für den Hund verständlich auf, indem er eben auch auf seine Reaktionen eingeht, und verfügt er über ein umfangreiches Wissen über das normale Verhalten und das Lernverhalten der Hunde, können beide als Team wirklich oft Erstaunliches leisten.

Ich hoffe, ich konnte Ihnen hier ein wenig Geschmack machen auf eine sehr schöne Beschäftigung mit dem Hund, die vor allem für solche Leute geeignet ist, die bereit sind, auch von ihrem Hund zu lernen, und die sich nicht einbilden, sie müssten ihrem Hund das Riechen beibringen! Das sollte keine Anleitung zu einem ernsthaften Suchen wie zum Beispiel in der Rettungshundearbeit sein. Dazu ist noch einiges mehr an Spezialwissen notwendig, was eben den einzelnen Rettungshundeorganisationen oder der Polizei vorbehalten sein sollte.

Aber fast jeder Hund schnüffelt sehr gerne und kann wirklich Erstaunliches leisten. Außer einer sehr sinnvollen Beschäftigung hat man damit etwas, was die Bindung zum Hund in starkem Maße fördert und die gute Verständigung, die man erreicht, wird sich auch auf andere Bereiche des Zusammenlebens auswirken. In diesem Sinne:

Viel Spaß beim Schnüffeln!

Literaturhinweise

William G. Syrotuck, 2000
»Scent and the Scenting Dog«, Barkleigh Productions
Der Autor setzt sich intensiv mit der Entstehung des Geruchs auseinander.

Lue Button, 1990
»Practical Scent Dog Training«, Alpine Publications, Colorado
Die Autorin zeigt schön, wie die einzelnen Schritte im Trainingsaufbau zu den unterschiedlichen Sucharten mit dem Hund aussehen könnten.

Deborah A. Jones Ph. D., 2001
»Click 'n' Sniff«, Howln Moon Press, USA
Hier wird vorgestellt, wie man den Klicker zum Geruchsunterscheidungstraining einsetzen kann.

Viviane Theby, 2002
»Hundeschule«
In diesem Buch geht es um Lerntheorien, die hinter der Ausbildung eines Hundes stecken, und die jedem Hundehalter als Grundlagen für die Ausbildung bekannt sein sollten.

Andrea von Buddenbrock, 2003
»Der Hund im Rettungsdienst«, Kynos Verlag, Mürlenbach
Ein Handbuch für Ausbildung und Einsatz von Rettungshunden.

www.tierakademie.de